高职高专经管类实践与应用型规划教材

丛书主编　刘平

金蝶ERP沙盘实训手册

——企业经营沙盘模拟实战对抗

主　编　刘　平
副主编　邵　亮　吴娜娜　严　霓
编　委　邓丽娜　安甜甜

姓　　名：

班　　级：

学　　号：

组　　别：

组　　名：

角　　色：

指导教师：

实训日期：

清华大学出版社
北京

内容简介

本书是专为学生和学员所用而编写的关于金蝶ERP企业经营沙盘模拟实战对抗的学习指导。本书将通常实训所用的实训任务书、实训指导书和实训报告书“三册合一”。本书在第1章中阐述了本实训的目的、意义和任务；第2章为实训操作指引和分角色操作过程记录；第3章为实训报告记录及撰写实训报告指引。全书以第1章为主，均为实训指导的具体内容。

本书既适用于参加金蝶ERP沙盘(电子沙盘)实训的学生，也适用于参加ERP沙盘(物理沙盘)实训的学生。

图书在版编目(CIP)数据

金蝶ERP沙盘实训手册：企业经营沙盘模拟实战对抗/刘平主编. —北京：清华大学出版社，2011.8(2021.1重印)

(高职高专经管类实践与应用型规划教材)

ISBN 978-7-302-25601-4

Ⅰ. ①金… Ⅱ. ①刘… Ⅲ. ①企业管理－计算机管理系统，ERP－高等学校－教材 Ⅳ. ①F270.7

中国版本图书馆CIP数据核字(2011)第096181号

责任编辑：孟毅新
责任校对：李 梅
责任印制：宋 林

出版发行：清华大学出版社
网　　址：http://www.tup.com.cn，http://www.wqbook.com
地　　址：北京清华大学学研大厦A座　　**邮　　编**：100084
社 总 机：010-62770175　　**邮　　购**：010-62786544
投稿与读者服务：010-62776969，c-service@tup.tsinghua.edu.cn
质量反馈：010-62772015，zhiliang@tup.tsinghua.edu.cn
课件下载：http://www.tup.com.cn，010-62795764
印 装 者：北京九州迅驰传媒文化有限公司
经　　销：全国新华书店
开　　本：185mm×260mm　　**印　　张**：10.75　　**字　　数**：229千字
版　　次：2011年8月第1版　　**印　　次**：2021年1月第9次印刷
定　　价：29.00元

产品编号：041751-02

高职高专经管类实践与应用型规划教材
丛书编写编委会

序

随着市场经济体制的全球化，大学生就业已经由单一的“统包统分”转变为“双向选择，自主择业”。这一机制不仅赋予用人单位择优录用大学毕业生的权利，同时也赋予大学毕业生选择用人单位的权利。这一方面拓宽了大学生的就业空间，带来了自主选择的机遇；另一方面由于各种因素的综合作用，近年来大学生就业压力日趋严峻。

目前，我国高等教育已由精英化教育阶段进入了大众化教育阶段，大学生数量骤增。2011 年全国普通高校毕业生规模将达到历史新高的 660 万人。2010 年 11 月，教育部部长袁贵仁在 2011 年全国普通高等学校毕业生就业工作网络视频会议上强调，当前就业总量压力和结构性矛盾并存，高校毕业生就业形势依然严峻，工作任务仍然十分艰巨。同时，从中长期发展趋势来看，我国大学生就业仍将面临巨大的挑战，就业形势不容乐观。

其中原因之一就是高等院校专业设置和培养计划与社会需求存在一定差距。毕业生不是企业想要和想用的人，缺乏必要的、系统的职业指导和创业指导，实践动手能力不强，不能直接上岗。在 2008 年 12 月国务院新闻办召开的新闻发布会上，人力资源和社会保障部副部长张小建指出了我们的大学教育与市场脱节的问题，大学生的就业观念与实际就业市场不适应的问题还存在，而且成为大学生就业的一种障碍。

一方面是大学生就业困难，另一方面是企业招不到合适的人，培养具有一技之长的应用型人才成为必然的选择。而要有效地实现这一人才培养目标，教材和教学内容就成了首当其冲必须解决的重要问题。

本系列教材根据高素质应用型人才的培养目标和“应用为本、学以致用”的办学理念，理论部分贯彻“精、新、实”的原则，精选必需的内容，其余内容引导学生根据兴趣和需要有目的、有针对性地自学；实践部分则突出应用能力的培养，加大实践教学的力度，创新实践教学的内容和形式。以此为依据，本系列教材统筹考虑和选取教学内容，基本做到教学内容新颖、精辟；能及时把最新科研成果引入教学；突出了课程内容的应用性与先进性；重点是突出应用能力和辩证思维的培养。

本系列教材在编写的过程中突出以下主要特点：

(1) **理论与实践相结合，突出应用性和实践性**。教材中增加了实践性较强且又非常有用的内容，同时结合企业的实际案例，可以较好地满足应用型和技能型人才培养的需要。

(2) **构建符合面向实践应用的知识和方法体系**。在分章编写重点内容和实用内容时,注重语言的表达方式,争取做到像讲故事一样娓娓道来,使学生易于理解和接受。

(3) **在教材体例上充分考虑案例教学法和模拟演练的需要**。在每章开头有引入案例,在每章正文中穿插个案研究,以加深对重点问题和难点问题的理解和掌握;另外安排一两个完整的综合案例,系统地强化对理论知识的理解和运用;同时穿插部分专论摘要,介绍当今的一些新趋势和观点,开阔视野;在每章后设有阅读材料,以拓宽学生的知识面,加深对正文内容的理解和认识。

本系列教材的各位主编均为教学经验丰富的资深教师,其中多人担任过企业的中、高级管理职务,多人为省级精品课程的负责人和主讲教师,多人带领学生参加过全国与省级各类大赛并屡创佳绩。他们结合自己深厚的学识及丰富的教学实践经验编写的这套丛书,不仅为应用型人才的培养提供了符合企业应用实际的理论体系,同时还提供了有效的实践教学途径和方法。

石　丽

2011 年 6 月

前言

“企业经营沙盘模拟对抗实训”课程起源于瑞典，于1978年推出后即迅速风靡全球，成为世界500强企业广泛采用的一种经理人培训方法和众多MBA学院的必修课程。其实，对于沙盘我们并不陌生。在电视中，我们经常可以见到叱咤风云、挥斥方遒的将军在沙盘前指挥千军万马，胜负在弹指挥手间。在日常生活中，房地产开发商制作小区规划布局沙盘以利于房屋销售。这些沙盘都清晰地模拟了真实的地形、地貌或小区格局，不必让其所服务的对象亲临现场，也能对所关注的位置了然于胸；不仅如此，更可以从宏观的角度全面地审视所处的环境局面，从而运筹帷幄、决胜千里。

企业经营沙盘模拟就是利用类似上述沙盘的理念，采用现代管理技术手段——ERP来实现模拟企业真实经营，使学生在模拟企业经营中得到锻炼、启发和提高。ERP(Enterprise Resource Planning)是企业资源计划的简称。企业资源包括厂房、设备、物料、资金、人员，甚至还包括企业上游的供应商和下游的客户等。企业资源计划的实质就是在资源有限的情况下，合理组织生产经营活动，降低经营成本，提高经营效率，提升竞争能力，力求利润最大化。因此可以说，企业的生产经营过程也是对企业资源的管理过程。

模拟说明我们面对的不是一个真实的企业对象，而是具备了真实对象所拥有的主要特征的模拟对象。金蝶企业经营沙盘模拟实训课程就是针对一个模拟企业，将该模拟企业运营的关键环节(战略规划、资金筹集、市场营销、产品研发、生产组织、物资采购、设备投资与改造、财务核算与管理等部分)设计为该实训课程的主体内容，将企业运营所处的内外部环境抽象为一系列规则的课程。在该课程中，受训者组成若干个相互竞争的模拟企业，每个受训者在模拟企业中都担任一定的角色，如CEO(首席执行官)、COO(首席运营官)、CFO(首席财务官)、营销总监、生产总监、采购总监、人力资源总监等，通过模拟企业若干年(一般是6～7年)的经营对抗(竞赛)，使受训者在分析市场、制订战略、营销策划、组织生产、财务管理和人员考核等一系列活动中，参悟科学管理规律，提升管理能力，并深刻体会理论联系实际的重要性，对低年级学生起到激发学习兴趣的作用，对高年级学生起到学以致用的目的。

企业经营沙盘模拟实训课程具有科学、简洁、实用、有趣味等显著特点，并以体验式教学方式成为继传统式教学和案例式教学之后深受学生欢迎的又一典型实用的教学方法。该实训课程可以强化受训者的管理知识、训练管理技能，全面提高受训者的综合素质。该实训融合理论与实践于一体，集角色扮演与岗位体验于一身的设计思路新颖独到，使受训者在参与、体验中完成从知识到技能的一次转化，在操盘后的总结交流中再完成从实践到理论的二次升华。

本实训手册参考了刘平主编的《用友ERP企业经营沙盘模拟实训手册(第三版)》，王新玲、柯明、耿锡润编著的《ERP沙盘模拟学习指导书》，王新玲、杨宝刚、柯明编著的《ERP沙盘模拟高级指导教程》及金蝶沙盘的相关资料，并结合了多轮指导学生实训的实际情况，可供学生在实训中使用并留存。

目前，关于ERP企业经营沙盘模拟学习指导的书是有一些，但绝大多数比较适合教师使用，专为学员所用的书还鲜有所见。我们以为，教师用书与学生用书的主要区别在于：教师用书理论部分需要比较全面和深入的论述，以利于教师能够真正掌握其精华与实质，便于在实践中指导学员；而操作表格的部分相对比较简洁。学员用书正好相反，其理论和规则的部分力求简洁，只要够用就行，多了学员反而不会去看；而操作表格的部分则具体丰富，每个角色都有与实际相结合的专业表格，便于学员填写记录。

本实训手册分为以下三大部分。

第1章导入篇，是在指导教师的讲解下，帮助学生认识什么是ERP企业经营沙盘模拟，了解所要接手经营的企业现状，在老师的指导下进行沙盘盘面的初始设定，掌握模拟竞赛的市场规则和企业运营规则，并在指导教师的带领下进行初始年的运行，以掌握企业运行流程。在进行初始年运行时，各角色可翻到操作篇的相关部分跟随操作。本章的编写以“必需、够用”为原则。

第2章操作篇，是为受训者6年的经营竞赛而准备，分为CEO、COO、财务总监、营销总监、生产总监、采购主管和人力资源总监等部分，供不同角色的受训者使用。在受训者开始第一年的运行前，一定要认真阅读第2章的开篇语，这对有效运营非常重要。

第3章总结篇，主要是为受训者总结交流而准备，以达到最大提升能力的目的。本章分为日常记录、受训者总结、经营竞赛交流、指导教师点评与分析和阅读文章等部分。

为了引发受训者的思考，提升竞赛水平和总结交流的效果，本书特编进4篇阅读文章，其中3篇放在了第2章，1篇放在了第3章，分别从正确认识战略与战略决策、如何思考一个成长型公司的战略决策、企业发展快与慢的辩证关系、多元化的误区和重视制订战略的方法论等角度阐述了公司战略选择、经营方略与竞争策略等问题，供参训者总结提高时参考。

本实训手册将通常实训所用的实训任务书、实训指导书和实训报告书“三册合一”。在第1章导入篇的1.1节“开篇语”和1.2节“认识企业经营沙盘模拟”中即阐述了本实训的目的、意义和任务；第3章为实训报告记录及撰写实训报告指引。全书以第1章为主，均为实训指导的具体内容；第2章为实训操作指引和分角色操作过程记录。

本实训手册是多校合作和校企合作的结晶，由沈阳理工大学应用技术学院刘平教授起草写作大纲并担任主编，辽阳职业技术学院邵亮副教授、辽宁信息职业技术学院吴娜娜副教授、辽宁金融职业学院严霓担任副主编，鞍山师范学院高职安甜甜、辽宁金融职业学院邓丽娜等分别参与了部分内容的编写。

本实训手册得到了各学校领导与相关老师的积极支持和密切配合，在此表示衷心的感谢！同时，还要感谢金蝶公司对我们提供的支持与帮助！本实训手册的编写也参阅了有关的文献资料，如《决战商场——金蝶商业沙盘培训教程》等，在此向原作者表示诚挚的谢意！

写书和出书在某种程度上来说也是一种“遗憾”的事情。由于种种缘由，每每在书稿完成之后，总会发现有缺憾之处，本书也不例外。我们诚恳希望读者在阅读本书的过程中，指出书中存在的缺点和不足之处，并提出宝贵的指导意见，这是对我们的最高奖赏和鼓励。我们将在修订或重印时，将大家反馈的意见和建议恰当地体现出来。

作者交流邮箱：liuping661005@126.com，在此谢谢广大读者的厚爱！

编　者

2011.5

目录

第1章

导 入 篇

只有懂得规则，才能游刃有余。
只有认真对待，才能获得收获。
只有积极参与，才能分享成就。

本篇实训目标

(1) 掌握本实训的目的和任务，了解本实训的方式与时间安排。
(2) 认清沙盘模拟与真实企业之间的关系，熟练掌握竞赛规则。
(3) 了解各角色的任务和作用，深刻认识所担任角色的作用和任务。
(4) 了解企业与企业的组织架构，体会团队协作的重要性。
(5) 按照企业运行流程，认真履行所担负的职责。

1.1 开 篇 语

学习规则是比较枯燥的，但却是必须的。只有懂得规则才能游刃有余。因此，要有以下3点认识：一是要认清我们是在经营模拟企业，为运行方便将内外部环境简化为一系列规则，故与实际情况有一定差别，不可在规则上较真；二是要有争强好胜的斗志，虽然是模拟经营，切不可简单地当成游戏，要有“假戏真做”，当做真实企业来经营的态度；三是要正确对待自己的角色，在一个企业里每个人会担当不同的角色，每个角色也都有其他角色所不可替代的作用，因此每个角色都是重要的，都值得重视和珍惜，都应该用心做好。

为了使本实训取得预期的效果，现将实训的目的与任务、实训方式、时间安排和实训要求等内容阐述如下。

1.1.1 实训的目的与任务

(1) 了解企业与企业的组织架构。
(2) 认清沙盘模拟与真实企业之间的关系。
(3) 熟练掌握竞赛规则。
(4) 了解各角色的任务和作用。
(5) 深刻认识所担任角色的作用和任务。
(6) 按照企业运行流程，履行所担负的职责。

(7) 团队协作,努力争取竞赛的胜利。

(8) 做好实训总结,获得最大的收获。

(9) 对低年级学生,激发学习专业课的兴趣。

(10) 对高年级学生,学会理论联系实际,学以致用。

1.1.2 实训方式与时间安排

1. 实训方式

(1) 本实训的主要方式是将学生分成 6 组,组成 6 个企业的管理团队,利用沙盘模拟企业经营进行直接竞赛对抗。每个学生在模拟企业中都将担任一定的角色。

(2) 总结交流分为模拟企业内部总结和 6 个竞争企业之间的总结交流,这是本次实训升华的重点。

2. 时间安排

本实训主要分为 4 个阶段。各阶段建议安排如下。

第一阶段:实训动员和规则介绍。一般安排在周一上午,主要进行实训动员和介绍第 1 章导入篇的主要内容,使学生掌握竞赛规则和企业运行流程。

第二阶段:模拟企业经营竞赛。一般从周一下午开始到周三结束,按照竞赛规则在指导教师的监控下,学生进行企业经营沙盘模拟 6 年的企业经营竞赛。

第三阶段:撰写实习报告和模拟企业内部总结。一般安排在周四进行,由每个学生按照实训总结报告的要求撰写报告,并进行模拟企业内部的总结。

第四阶段:实训总结与交流。一般安排在周五上午进行,由各模拟企业派代表做主旨发言,总结模拟企业经营的成败得失,指导教师做必要的点评与指引,允许并鼓励学生个别发言,谈感受和体验。

以上为参考时间安排。具体时间以指导教师公布的时间为准。

1.1.3 实训要求与组织管理

1. 实训要求

(1) 每个学生参与所有的实训流程,并承担一个具体的工作岗位。

(2) 实训前要认真学习本实训手册的相关内容,明确实训目的、内容和相关要求,确保实训效果。

(3) 在实训过程中,要树立端正的实训态度和良好的团队精神。

(4) 在实训过程中要特别注意人身和财物的安全。

(5) 遵守实训纪律,保证按时出勤,并完成相关任务;遵守国家法律、法规,遵守实训教室的相关规定,听从安排。

(6) 做好实训记录,记好实训日记,为撰写实训报告做好准备。

(7) 认真撰写个人实训报告和模拟企业实训报告,字数分别不少于 3000 字和

4000 字。模拟企业实训报告与该模拟企业 CEO 的个人实训报告合一。

2. 组织管理

(1) 学生分组由指导教师根据实际情况掌握。

(2) 角色分工由各团队自行协商产生。

(3) 在实训期间,各模拟企业 CEO 应管理好各企业人员。

1.2 认识企业经营沙盘模拟

1.2.1 "企业经营沙盘模拟"释义

对于沙盘,其实我们并不陌生。在电视中,我们经常可以见到叱咤风云、挥斥方遒的将军在沙盘前指挥千军万马,胜负在弹指挥手间。在日常生活中,房地产开发商制作小区规划布局沙盘以利于房屋销售。这些沙盘都清晰地模拟了真实的地形地貌或小区格局,不必让其所服务的对象亲临现场,也能对所关注的位置了然于胸;不仅如此,更可以从宏观的角度全面地审视所处的环境局面,从而运筹帷幄、决胜千里。

企业经营沙盘模拟就是利用类似上述沙盘的理念,采用现代管理技术手段——ERP 来实现模拟企业真实经营,使学生在模拟企业经营中得到锻炼、启发和提高。ERP(Enterprise Resource Planning)是企业资源计划的简称。企业资源包括厂房、设备、物料、资金、人员,甚至还包括企业上游的供应商和下游的客户等。企业资源计划的实质就是如何在资源有限的情况下,合理组织生产经营活动,降低经营成本,提高经营效率,提升竞争能力,力求利润最大化。因此可以说,企业的生产经营过程也是对企业资源的管理过程。

模拟说明我们面对的不是一个真实的企业对象,而是具备了真实对象所拥有的主要特征的模拟对象。金蝶企业经营沙盘模拟实训课程就是针对一个模拟企业,将该模拟企业运营的关键环节:战略规划、资金筹集、市场营销、产品研发、生产组织、物资采购、设备投资与改造、财务核算与管理等部分设计为该实训课程的主体内容,将企业运营所处的内外部环境抽象为一系列的规则,由受训者组成若干个相互竞争的模拟企业,每个受训者在模拟企业中都担任一定的角色,如 CEO(首席执行官)、COO(首席运营官)、CFO(首席财务官)、营销总监、生产总监、采购总监、人力资源总监等,通过模拟企业若干年(一般是 6~7 年)的经营对抗(竞赛),使受训者在分析市场、制订战略、营销策划、组织生产、财务管理和人员考核等一系列活动中,参悟科学管理规律,提升管理能力,并深刻体会理论联系实际的重要性,对低年级学生起到激发学习兴趣的作用,对高年级学生起到学以致用的目的。

这是一种全新的体验式教学手段和方法:既能让受训者全面学习、掌握经济管理知识,又可以充分调动受训者学习的主动性与参与性,让受训者身临其境,真正感受一个企业经营者直面市场竞争的精彩与残酷,承担经营的风险与责任,并由此综合提升受训者经营管理的素质与能力。

具体来说，沙盘对抗实训对学生具有以下意义。

(1) 通过体验式培训，在“快乐中学习”，全面、正确地了解企业的基本经验运作流程和规则。

(2) 体验团队配合与协作的价值。

(3) 掌握企业经营过程中专业名词的含义。

(4) 掌握企业中各种财务报表的编制。

(5) 能够将理论与实践很好地结合起来，具备“企业”的思想，学会从企业的角度思考问题，对企业经营管理思想有所认识和提升。

对企业人员具有以下意义。

(1) 通过实训来应用和验证以往的管理思想和方法，更新管理理念，暴露管理误区。

(2) 全面了解企业运营流程，打破狭隘的部门分割，增强管理者的全局意识和团队合作意识。

(3) 分析生动鲜活的现场案例，认识不同战略的选择与经营业绩之间的逻辑关系。

(4) 通过角色互换，学会换位思考，练习团队沟通，体验交流式反馈的魅力，提高团队决策能力，学习积极向上的组织文化。

(5) 拓展管理视角，检视现实企业战略的正确性，立足产业链价值分配原则，谋求、创造有利于企业发展的外部条件。

链接

课 程 特 色

1. 体验式教学

“阅读的信息，我们能记得 10%；听到的信息，我们能记得 20%；但所经历的事情，我们能记得 80%”，企业经营沙盘模拟实训课程以“现场经历”的方式，让学生在积极参与中感受策略“制订—实施—检验—调整”的完整过程，在愉悦中体验“决策是如何影响结果的”，进而掌握核心管理技能。

2. “角色扮演＋案例分析＋顾问指导”的教学方式

学生在亲自体验的同时将会得到现场资深教师的顾问式指导，从而更好地理解管理的真谛，掌握各种管理理论和管理工具。

3. 鲜明直观的视觉特点

教学中使用的沙盘教具可以帮助学生更清晰、直观地知晓模拟企业的运营状况。

4. 实现自己的“大胆”

将平日学习工作中尚存疑问的决策带到课程中进行印证，并且能够直接看到结果，而在现实的学习工作中，可能在相当长的时间里都没有这样的体验机会。

1.2.2 模拟企业组织架构

企业创建之初，任何一个企业都要建立与其企业类型相适应的组织结构。组织结构是保证企业正常运转的基本条件。在 ERP 企业经营沙盘模拟实训课程中，采用了简化企业组织结构的方式，企业组织由几个主要角色代表构成，包括：CEO、COO、财务总监、营销总监、生产总监、采购主管、人力资源总监和商业情报人员等，如图 1-1 所示。在受训者人数少时，可以一兼多职；在受训者人数多时，可以增加助理职务。

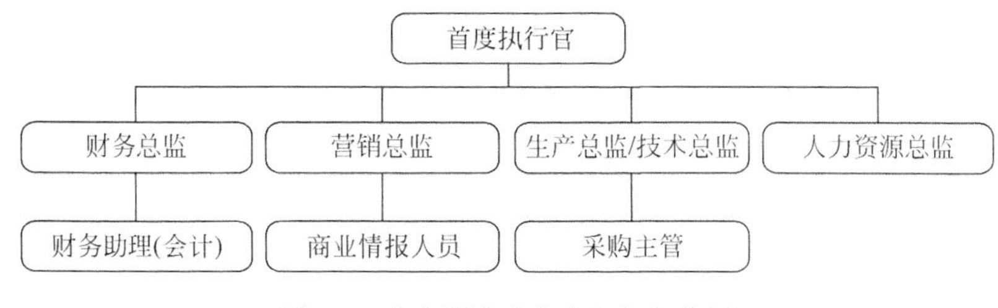

图 1-1　本实训企业参考组织架构图

1. CEO

负责制订和实施公司总体战略与年度经营计划；建立和健全公司的管理体系与组织结构，从结构、流程、人员、激励 4 个方面着手优化管理，实现管理的新跨越；主持公司的日常经营管理工作，实现公司经营管理目标和发展目标。现代企业的治理结构分为股东会、董事会和经理班子 3 个层次。

在"ERP 企业经营沙盘模拟"实训中，省略了股东会和董事会，企业所有的重要决策均由 CEO 带领团队成员共同决定，如果大家意见相左，由 CEO 拍板决定；做出有利于企业发展的战略决策是 CEO 的最大职责，同时 CEO 还要负责控制企业按流程运行，保障顺利运行。与此同时，CEO 在实训中还要特别关注每个人是否能胜任其岗位，尤其是一些重要岗位，如财务总监、营销总监等，如不胜任要及时调整，以免影响整个企业的运行及竞赛。

2. COO

在实际企业中，COO 是个重要的角色，负责组织协调企业的日常运营活动。在本实训中，COO 协助 CEO 控制企业按流程运行，起着盘面运行监督的作用。此角色为可选角色，在受训者人数较少时可不设。

3. CFO

在企业中，财务与会计的职能常常是分离的，它们有着不同的目标和工作内容。会计主要负责日常现金收支管理，定期核查企业的经营状况，核算企业的经营成果，制订预算及对成本数据的分类和分析。财务的职责主要负责资金的筹集、管理；做好现金预算，管好、用好资金，妥善控制成本。如果说资金是企业的血液，财务部门就是企业的心脏。财务总监要参与企业重大决策方案的讨论，如设备投资、产品研发、市场开拓、ISO 资格认证、购置厂房等。公司进出的任何一笔资金，都要经过财务部门。

在受训者较少时，将上述两大职能归并到财务总监身上，统一负责对企业的资金进行预测、筹集、调度与监控，其主要任务是管好现金流，评估应收款金额与回收期，预估长、短期资金需求，按需求支付各项费用、核算成本，做好财务分析；进行现金预算，洞悉资金短缺前兆，采用经济有效的方式筹集资金，将资金成本控制到较低水平，管好、用好资金。在受训者人数允许时，建议增设主管会计(财务总监助理)分担会计职能。记住，资金闲置是浪费，资金不足会破产，二者之间应寻求一个有效的平衡点。

4. 营销总监/销售总监

营销总监主要负责进行需求分析和销售预测，寻求最优市场，确定销售部门目标体系；制订销售计划和销售预算；销售团队的建设与管理；客户管理，确保货款及时回笼；销售业绩分析与评估；控制产品应收款账期，维护企业财务安全；分析市场信息，为确定企业产能和产品研发提供依据。营销总监所担负的责任主要是：开拓市场、实现销售。

企业的利润是由销售收入带来的，销售实现是企业生存和发展的关键。为此，营销总监应结合市场预测及客户需求制订销售计划，有选择地进行广告投放，运用丰富的营销策略控制营销成本，并取得与企业生产能力相匹配的客户订单，与生产部门做好沟通，保证按时交货给客户，监督货款的回收，进行客户关系管理。

营销总监还可以兼任商业间谍的角色和任务，因为他最方便监控竞争对手的情况，比如对手正在开拓哪些市场，未涉足哪些市场，他们在销售上取得了多大的成功，他们拥有哪类生产线，生产能力如何等，充分了解市场，明确竞争对手的动向可以有利于今后的竞争与合作。

5. 生产总监

生产总监是企业生产部门的核心人物，对企业的一切生产活动进行管理，并对企业的一切生产活动及产品负最终的责任。生产总监既是生产计划的制订者和决策者，又是生产过程的监控者，对企业目标的实现负有重大的责任。他的工作是通过计划、组织、指挥和控制等手段实现企业资源的优化配置，创造最大经济效益。

在“ERP企业经营沙盘模拟”实训中，生产总监参与制订企业经营战略，负责指挥生产运营过程的正常进行，生产设备的选购、安装、维护及变卖和管理成品库等工作，权衡利弊，优化生产线组合，保证企业产能。在本实训中，生产能力往往是制约企业发展的重要因素，因此生产总监要有计划地扩大生产能力，以满足市场竞争的需要；同时提供季度产能数据，为企业决策和运营提供依据。

6. 技术总监

技术总监是企业产品开发部门(技术部门)的核心人物，一般负责一个企业的技术管理体系的建设和维护，制订技术标准和相关流程，主持开发新技术、新产品，能够带领和激励自己的团队完成公司赋予的任务，实现公司的技术管理和支撑目标，为公司创造价值。一个好的技术总监不仅要自身具有很强的技术管理能力，同时也要有很强的技术体系建设和团队管理的能力，要对企业所在行业具有深入理解，对行业技术发展趋势和管理现状具有准确的判断。技术总监是一个高技术含量的职业。

技术总监的具体职责包括：组织研究行业最新产品的技术发展方向，主持制订技术发展战略规划；管理公司的整体核心技术，组织制订和实施重大技术决策和技术方案；及时了解和监督技术发展战略规划的执行情况；制订技术人员的培训计划，并组织安排公司其他相关人员的技术培训等。在本实训中，技术总监往往由生产总监兼任。

7. 采购总监

采购是企业生产的首要环节。采购总监负责各种原料的及时采购和安全管理，确保企业生产的正常进行；负责编制并实施采购供应计划，分析各种物资供应渠道及市场供求变化情况，力求从价格上、质量上把好第一关，为企业生产做好后勤保障；进行供应商管理；进行原材料库存的数据统计与分析。

在"ERP 企业经营沙盘模拟"实训中，采购总监负责依据生产计划，制订采购计划，与供应商签订供货合同，按期采购原材料并向供应商付款，管理原料库等具体工作，确保在合适的时间点采购合适的品种及数量的原材料，保证正常生产。

8. 人力资源总监

21 世纪，国家经济的核心是企业，企业的核心是人才，人才是现代企业竞争的核心竞争力。一流的企业是由一流的人组成的，优秀的产品是优秀的人干出来的，人力资源是企业的第一资源。人力资源总监负责企业的人力资源管理工作，具体包括企业组织架构设计、岗位职责确定、薪酬体系安排、组织人员招聘、考核等工作。

在"ERP 企业经营沙盘模拟"实训中原来没有设定此角色。但经过多轮实训，我们觉得有必要增设此角色，特别是在受训者人数比较多的情形下，需对每个受训者的参与度与贡献度进行考评，提交 CEO 最终做出组内排名，作为学生实训成绩评定的重要依据之一。

9. 商业情报人员/商业间谍

知己知彼，方能百战百胜；闭门造车是不行的。商业情报工作在现代商业竞争中有着非常重要的作用，不容小觑。在受训者人数较少时，此项工作可由营销总监承担；在人数较多时，可设专人协助营销总监来负责此项工作。

10. 其他角色

在受训者人数较多时，可适当增加财务助理、CEO 助理、营销助理、生产助理等辅助角色，特别是财务助理很值得设立。为使这些辅助角色不被边缘化，应尽可能明确其所承担的职责和具体任务。

1.2.3 金蝶沙盘盘面示意图

图 1-2 为金蝶企业经营手工沙盘盘面示意图；图 1-3 为金蝶企业经营电子沙盘盘面示意图。

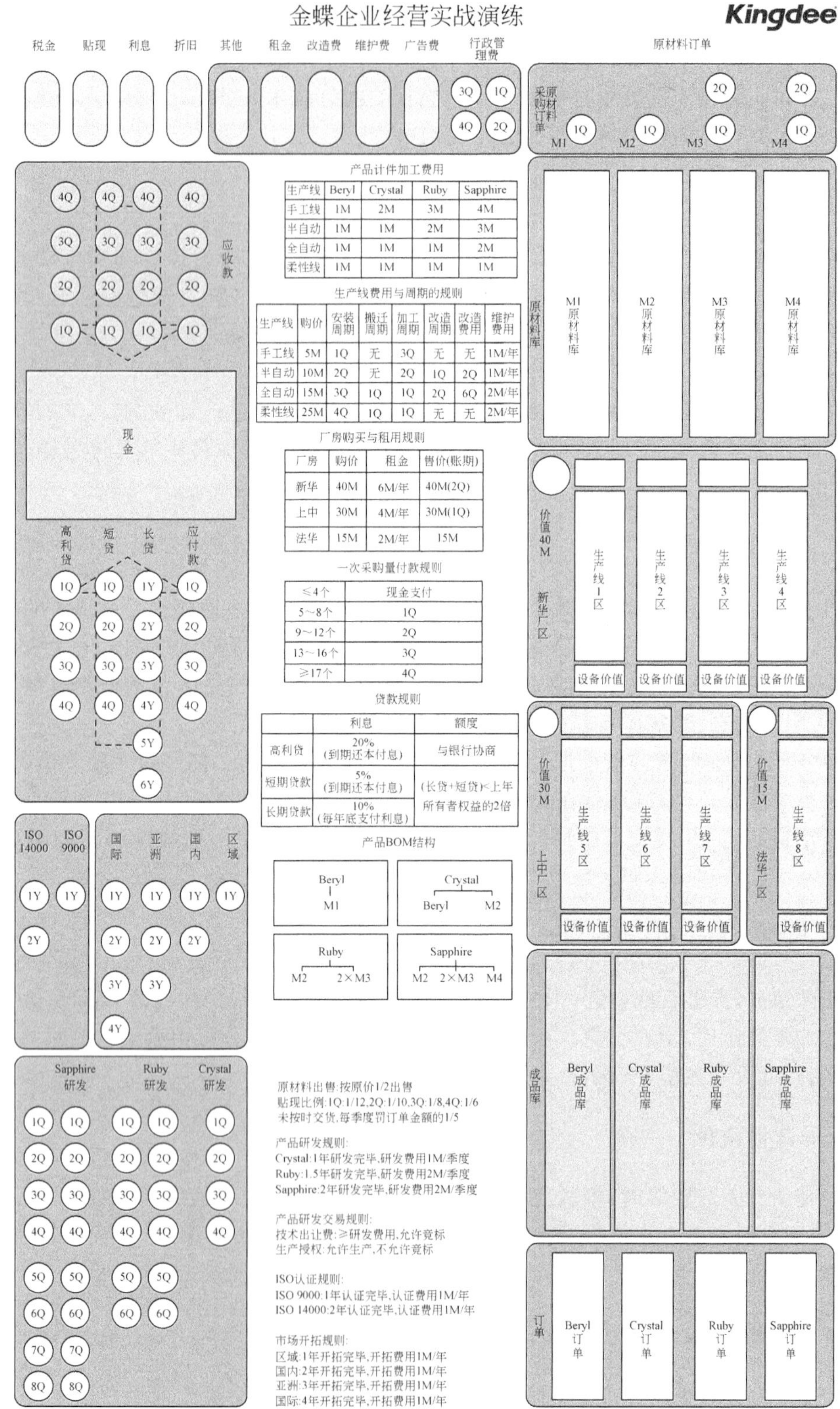

图 1-2　金蝶企业经营手工沙盘盘面参考图

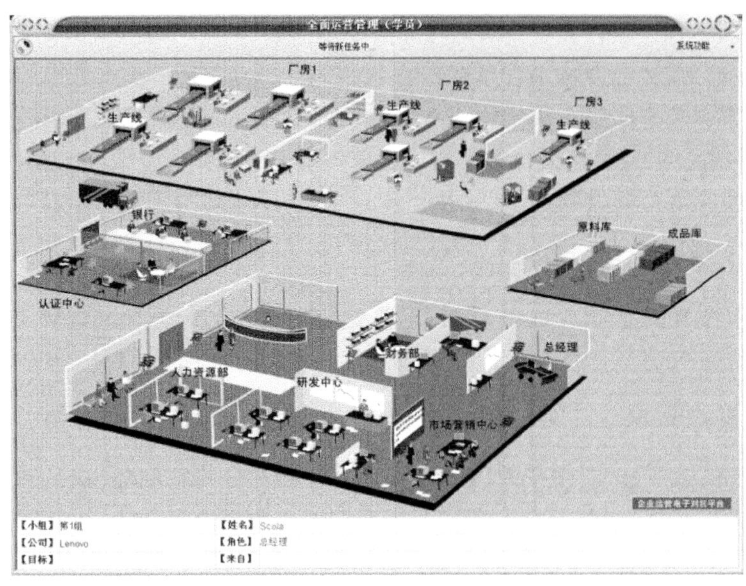

图 1-3　金蝶企业经营电子沙盘盘面参考图

1.2.4　关于企业的生存与破产

企业在市场上生存下来的基本条件：一是以收抵支，二是到期还债。如果企业出现以下两种情况之一，就将宣告破产。

1. 资不抵债

如果企业所取得的收入不足以弥补支出，导致所有者权益为负时，企业破产。

2. 现金断流

如果企业到期的负债无力偿还，企业也会破产。

1.3　认识所要经营的企业

“希望”公司是一个典型的离散制造型企业，创建已有 3 年。在本实训中，该企业的唯一盈利来源是销售产品以获取的利润。董事会为了选出一个能够带领企业更好发展的领导团队，将采用企业经营模拟竞争的方式，用两天的时间模拟企业 6 年的经营过程，胜出者就是“希望”公司新的领导团队。

1.3.1　公司发展现状与股东期望

该企业长期以来一直专注于某行业 P 产品的生产与经营，目前生产的 P1 产品(Bery1)在本地市场知名度很高，客户也很满意。同时企业拥有自己的厂房，其中安装了 3 条手工生产线和 1 条半自动生产线，运行状态良好，上年度盈利为 700 万元。具生产设备陈旧；产品、市场单一；企业管理层长期以来墨守成规地经营，导致企业已缺乏必要的活力。

不仅如此，最近一家权威机构对该行业的发展前景进行了预测，认为 P 产品将会从目前的相对低水平的 P1 产品向技术含量更高的 P2(Crystal)、P3(Ruby)、P4(Sapphire)产品发展。为此，公司董事会及全体股东决定将企业交给一批优秀的新人去发展，他们希望新的管理层：①投资新产品的开发，使公司的市场地位得到进一步提升；②开发本地市场以外的其他新市场，进一步拓展市场领域；③扩大生产规模，采用现代化生产手段，获取更多的利润。

1.3.2 企业财务现状描述

你将接手经营的企业总资产为 1.04 亿元(模拟货币单位 100M，M 表示百万元，下同)，其中流动资产 52M，固定资产 52M，负债 23M，所有者权益 81M。

1. 流动资产 52M

流动资产包括现金、应收账款、存货等，其中存货又分为在制品、成品和原料。

该企业现有现金 24M；2 个账期和 3 个账期的应收账款各 7M，合计 14M；3 个 Beryl 在制品，价值 6M，分别位于 3 条手工生产线中第一条的第一个位置、第二条的第三个位置和 1 条半自动生产线的第一个位置；Beryl 成品 3 个，价值 6M；M1 原料 2 个，价值 2M。

2. 固定资产 52M

固定资产包括土地及厂房、生产设施、在建工程等，其中土地及厂房在此实训中专指厂房，生产设施指生产线，在建工程指未建设完工的生产线。

该企业现有一个价值 40M 的新华厂区和价值 12M 的生产设备，包括 3 条手工生产线和 1 条半自动生产线，目前没有在建工程。其中 1 条手工生产线的净值为 2M，另 2 条各为 3M，半自动生产线的净值为 4M。

3. 负债 23M

负债包括短期负债、长期负债和各项应付款，其中短期负债主要指短期贷款、高利贷等，长期负债主要指长期贷款；各项应付款包括应付税金、应付货款等。

该企业现有短期贷款 20M，在 3Q 位置 10M，在 4Q 位置 10M；应付税金 3M，目前没有长期负债。

4. 所有者权益 81M

所有者权益包括股东资本、利润留存、年度净利等。股东资本是指股东的投资；利润留存是指历年积累下来的年度利润；而年度净利是指当年度的净利润。

该企业股东资本为 70M，利润留存 4M，年度净利 7M，3 项合计为 81M。

1.4 初始状态设定

1.4.1 生产中心初始设定

目前，企业有一个价值 40M 的新华厂区，里面有 3 条手工生产线和 1 条半自动生产线，均在生产 Beryl 产品，其中在第一条手工生产线的 1Q 生产位置、第二条手工生产线的 3Q 生产位置和半自动生产线的 1Q 生产位置有在制品在生产，第三条手工生产线上没有在制品。3 个在制品价值 6M。这 4 条生产线的净值目前为 12M，其中第一条的手工生产线的净值为 2M，第二条和第三条手工生产线的净值各为 3M，半自动生产线的净值为 4M。一个 Beryl 的在制品由一个 M1 原料与 1M 加工费放在一个空桶中构成。

图 1-4 表示 4 种生产线的类型。手工生产线要 3 个完整季度生产 1 个产品，半自动生产线要 2 个完整季度生产 1 个产品，全自动生产线和柔性生产线要 1 个完整季度生产 1 个产品。

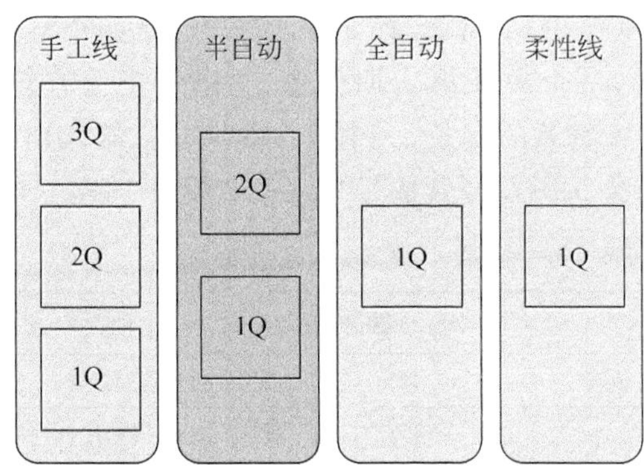

图 1-4　4 种生产线

1.4.2　营销与规划中心初始设定

目前，企业能在本地市场销售 Beryl 产品。企业未来可能开发的市场与产品如图 1-5 所示。

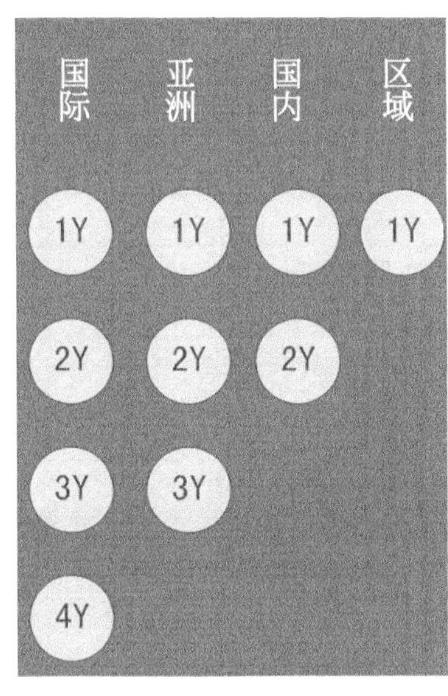

(a) 市场开拓区

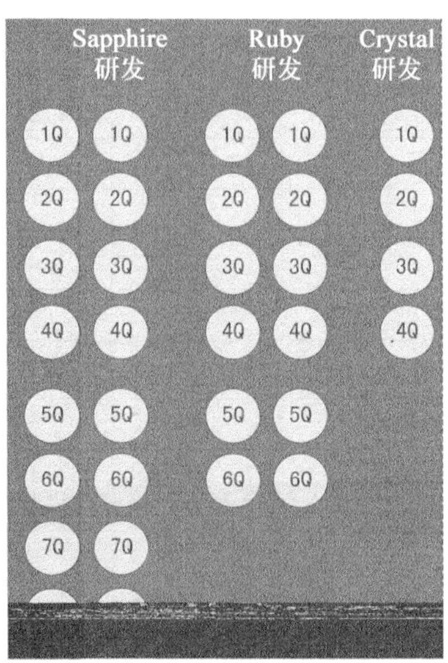

(b) 产品研发区

图 1-5　市场开拓与产品研发区

1.4.3 物流中心初始设定

目前，在 Beryl 成品库中有 3 个 Beryl 产成品，价值 6M；在 M1 原料库中有 2 个 M1 原料；采购部已预订 2 个 M1 原料，采购总监将采购数量写于小纸片上，放置到一个空桶中，然后将此空桶放置到 M1 原材料采购订单处。Beryl 产成品构成与在制品相同。

1.4.4 财务中心初始设定

目前，企业在现金池有 24M 现金，有 14M 应收款，拿两个空桶分别装 7 个货币，一个放在应收款第三期位置，一个放在第二期位置。另外，企业有短期贷款 20M，拿两个空桶，每个放一张写有 10M 贷款的字条，一个放在短期贷款第四期的位置，一个放在第三期的位置。企业目前的财务状况及经营成果见表 1-1 和表 1-2。

表 1-1 损益表

项目		金额	项目		金额
销售收入	+	40	支付利息前利润	=	11
直接成本	−	17	财务收入/支出	+/−	1
毛利	=	23	其他收入/支出	+/−	0
综合费用	−	8	税前利润	=	10
折旧前利润	=	15	所得税	−	3
折旧	−	4	净利润	=	7

表 1-2 资产负债表

资产		金额	负债+权益		金额
现金	+	24	长期负债	+	0
应收款	+	14	短期负债	+	20
在制品	+	6	应付款	+	0
成品	+	6	应缴税	+	3
原料	+	2	一年到期长贷	+	0
流动资产合计	=	52	负债合计	=	23
固定资产		金额	权益		金额
土地和建筑	+	40	股东资本	+	70
机器和设备	+	12	利润留存	+	4
在建工程	+	0	年度净利	+	7
固定资产合计	=	52	所有者权益合计	=	81
总资产	=	104	负债+权益	=	104

财务中心示意图如图 1-6 所示。

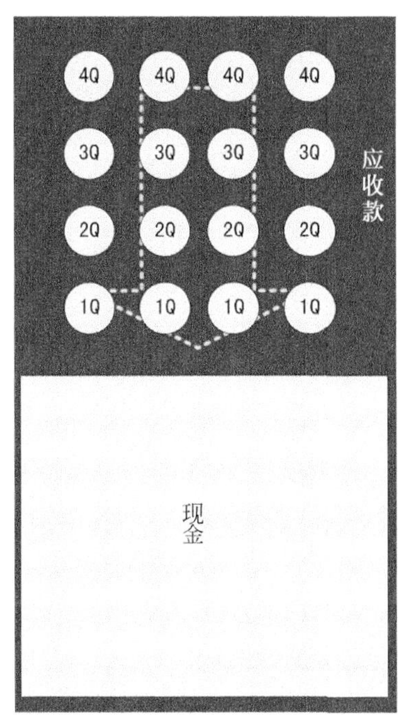

(a) 应收款与现金区

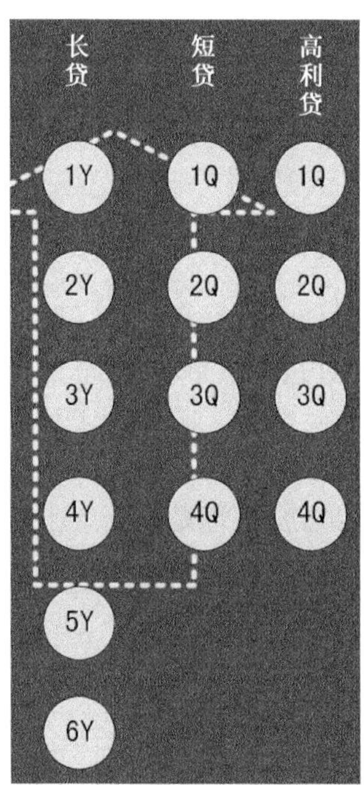

(b) 贷款区

图 1-6　财务中心示意图

1.5　模拟企业经营运营规则

企业的生存和发展离不开市场这个大环境。谁赢得市场，谁就赢得了竞争。

1.5.1　市场划分与市场准入规则

企业目前在本地市场经营，新市场包括区域、国内、亚洲、国际市场(表 1-3)。不同市场投入的费用及时间不同，只有市场投入全部完成后方可接单(表 1-4)。资金短缺时，可随时中断或终止投入，但不可加速投资。各市场间没有必然的联系，也就是说可以跳跃式选择要开发的市场，如放弃其中某一两个市场。

表 1-3　新市场划分

市场	开拓费用	持续时间	市场	开拓费用	持续时间
区域	1M	1 年	亚洲	3M	3 年
国内	2M	2 年	国际	4M	4 年

表 1-4　市场开发时间与开拓费用表

市场	开拓费用	开发时间	说　明
区域	1M	1年	各市场开发可同时进行； 资金短缺时可随时中断或终止投入； 开发费用按开发时间平均投入，不许加速投资； 市场开拓完成后，领取相应的市场准入证
国内	2M	2年	
亚洲	3M	3年	
国际	4M	4年	

市场开发投资按年度支付，允许同时开发多个市场，但每个市场每年最多投资为1M，不允许加速投资，但允许中断，市场开发完成后持开发费用到指导教师处领取市场准入证，之后才允许进行该市场竞单。当年市场开发费用计入当年的综合费用。

1.5.2　销售会议与订单争取

销售预测和客户订单是企业生产的依据。每年初各企业的营销总监参加销售会议投放广告并接订单。根据市场地位、产品广告投入、市场广告投入和市场需求及竞争态势，按以下顺序选择订单（图1-7）。

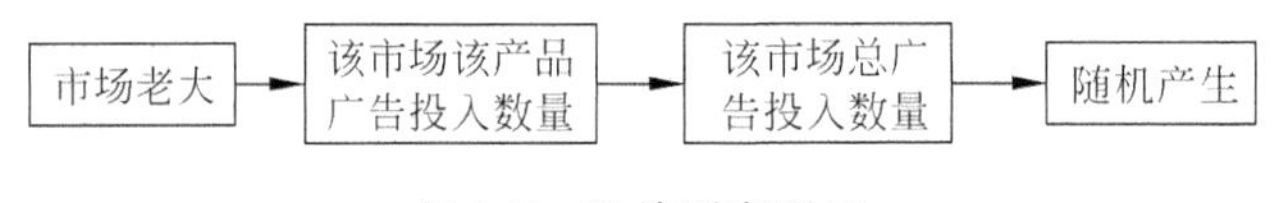

图 1-7　选单顺序图示

首先，由上年在该市场的订单销售额决定市场领导者，并由市场领导者（也称“市场老大”）最先选择订单，前提是在想要接单的产品上至少打1M的广告费，如果上年市场老大因有未按期交货订单或破产等原因，将被取消市场老大地位，则此市场该年无市场老大，订单选取按无市场老大的情况进行；其次，按该市场产品广告投入量的多少，依次选择订单；若在同一产品上有多家企业的广告投入相同，则按该市场上全部产品的广告投入量决定选单顺序；若该市场的广告投入量也相同，则可通过招标或抓阄等方式选择订单。

1. 市场地位

市场地位是针对每个市场而言的。企业的市场地位根据上一年度各企业的实际销售额排列，销售额最高的企业称为该市场的“市场领导者”，俗称“市场老大”。市场老大不是一成不变的，而是有可能改变的。注意，第一年没有市场老大。

2. 广告投放

广告是分市场、分产品投放的，投入1M有一次选单的机会，以后每多投2M增加一次选单机会。但能否选上单则取决于市场需求、竞争态势等。例如，A公司为第三年本地市场老大，它在Crystal产品上投放了5M广告费，获得3次选单的机会。但在第一轮选单完毕后，只剩下一张订单，因此，A公司只能实现2次重复选单，却不能实现3次重复选单。

在“广告报价单”中按市场、产品决定投放广告费用。9K和14K是分指ISO 9000和ISO 14000，如果希望获得标有“ISO 9000”或“ISO 14000”的订单，必须在相应的栏目中投入 1M 且只需要 1M 的广告费，该投入对该市场的所有产品有效。

说明：①市场老大要想获得选单机会，至少要投 1M 的广告费；②无论你投入多少广告费，每次只能选择 1 张订单，然后等待下一次选单机会；③各个市场的产品数量是有限的，并非打广告一定得到订单；④能分析清楚“市场预测”、并且“商业间谍”得力的企业，一定占据优势。

3. 客户订单

客户订单以卡片的形式表示。卡片上标注了市场、产品、产品数量、单价、订单价值总额、账期、交货期、特殊要求等。

(1) 订单上的账期代表客户收货时货款的交付方式，若为 0 账期，则现金付款；若为 3 账期，则表示客户付给企业的是 3 个季度到期的应收账款。

(2) 如果订单上标注了“ISO 9000”或“ISO 14000”，则要求生产单位必须取得相应的认证并投放了认证的广告费，只有两个条件都具备才能接此订单。电子沙盘只需要取得 ISO 资格即可，不需要打 ISO 的广告。

(3) 如果订单上有“加急!!!”字样，表示此订单为加急订单，必须在第一季度交货；其余订单为普通订单，按规定的交货期交货，不提前交货。如果不能按时交货，企业将受到以下处罚：每过一个季度，按该订单金额的 20%(取整)罚款。

订单卡片代表企业在市场上获得的销售订单。订单卡片上包含很多信息，本张卡片(图 1-8)表示第 1 年本地市场 4 个 Beryl 产品的订单，单价为 4.3M，总额为 17M。本张订单为加急单，应在第 1 季度交货。“账期：现金”，表示交货后能直接得到现金货款。

本张卡片(图 1-9)表示第 4 年本地市场 4 个 Beryl 产品的订单，单价为 4.3M，总额为 17M。交货期 Q2 表示应在前 2 个季度内(含第一季度和第二季度)交货；账期为 1Q 表示在交货后 1 个季度货款才能到达现金池，ISO 9000 表示接此单需要 ISO 9000 资格认证。

Beryl(Y1,本地)	加急!!!
4×4.3M=17M	
账期：现金	交货：Q1

图 1-8　订单卡片 1

Beryl(Y4,本地)	
4×4.3M=17M	ISO 9000
账期：1Q	交货：Q2

图 1-9　订单卡片 2

订单允许转让，转让价格由转让双方协商。

链接

如何有效接单

模拟企业的盈利来源唯有销售产品以获得的利润，因此，如何选择最有价值的销售订单对企业来讲意义非凡。销售订单的选取一般需考虑以下几个方面因素：①企业的实际产能；②产品销售价格；③应收账款的账期；④订单的约束条件(如加急单或需 ISO 认证资格等)。

在实际操作中，要求营销总监对各个市场拥有敏锐的洞察力和准确的判断力，做到左眼是显微镜盯企业，右眼是放大镜盯市场。既要专注于某个市场，又要全局统筹安排。例如，如何结合自己的产能状况、财务状况、市场地位、产品价格差异等因素合理考虑各个市场的订单分布，具体如下。

(1) 依据产能接适量的订单,防止因产能不足而出现违约。

(2) 结合公司的财务状况,争取用最低的广告费用获取最大的销售额和利润,并保证现金及时回流。

(3) 正确分配产品在各个市场的分布,保住或争取市场老大的地位。

(4) 尽量在利润率高的市场接单,尽量接利润率高的单。

(5) 选择正确的广告投放方式,如在有明显优势(市场老大)或竞争较弱的市场,可采取遍地开花的策略,即在各个产品均投少量的广告费,获取大量订单;对于竞争激烈的市场,则可采用集中的策略,在有利可图的市场,广告费集中在某一个或两个产品上,确保有单可选,避免广告费的浪费。同时,应注意市场广告费的规模效益,争取在平等竞争中获取优势(单个产品广告费相同时,该市场总广告费多者优先选单)。

(6) 尽量充分掌握竞争对手的广告策略和订单信息,为我所用。选单的时候,不仅要关注自己,同时还要关注对手,在订单数量和订单的约束条件上“做文章”。

【个案思考】

A 公司第一年在本地市场 P1 产品上投放了最多的广告费(19M),却选择了销售额第二大的订单,因此错失了市场老大地位,这是一个很明显的失误。然而,在实训中类似的失误确实时有发生,应杜绝这种失误。本案例的关键不在这里,真正值得商讨的是如下内容。

(1) 用 19M 的广告费去博取市场老大地位是否物有所值?风险是否太大?

(2) 如果夺下了市场老大地位还好,如果没有夺下呢?假如有企业打了 20M 广告呢?

(3) 如果第二多广告只有 7M,你得的这个老大是否代价太大?

(4) 如果分出 10M,甚至 15M 去做产品开发和新市场开拓是否更有价值?

(5) 用多大的代价(打多少广告)去争本地市场老大地位比较合适?

用友沙盘第一年 6 张订单的毛利依次为 22M、16M、14M、10M、7M 和 4M。

【个案分析】

B 公司拥有两条第三年第二期(2Q)可投资完成的 P2 全自动生产线。该公司在第三年年初的销售会议上接了 4 个 P2 产品的订单,结果到年底 P2 产品不够 4 个无法交单,导致违约。这是为什么呢?

因为这两条 P2 全自动生产线 2Q 完成投资,3Q 方可上线生产,到 4Q 时,只能各生产 1 个 P2 产品(合计共 2 个);而 4Q 再上线生产的 P2 产品要到第四年 1Q 方可下线,因此,B 公司第三年实际上只能生产出 2 个 P2,而无法交上 4 个 P2 产品,继而导致订单违约。

【教训分享】

此案例来自 2008 年用友 ERP 沙盘大赛辽宁赛区决赛(本科组),共有 9 组参赛。比赛进行到第三年,绝大多数组产能都已具有相当的规模,市场对各公司越来越重要。此时,国内市场刚刚开放,尚无市场老大,各组都跃跃欲试,竞争相当激烈。C 公司在该市场每种产品各投了 2M 广告费,该市场广告费合计是 8M。由于其他各组在 P2、P3 的广告费上最低投入是 3M,而 P2、P3 产品仅各有 6 张订单,因此,C 公司丧失了 P2、P3 产品的选单机会,4M 广告费等于白打了、浪费了。但 I 公司将 8M 广告费集中在 P2、P3 产品上各 4M，结果接取了总额 54M 的订单，收获颇丰。在此种竞争状态下，适合集中力量各个击破的策略，而不适合采用广种薄收的遍地开花策略。

1.5.3 厂房购买、租赁与出售

金蝶沙盘有新华、上中、法华 3 种厂房。厂房购买、租赁与出售规则见表 1-5。厂房出售需过应收账款期才能收现。出售后转租，每年交纳租金。厂房可抵押给银行，抵押期为 5 年，算做长期贷款，年底交利息。

表 1-5 厂房购买、租赁与出售规则

厂房	购价	租　金	售价(账期)	容　量
新华	40M	6M/年	40M(2Q)	4 条生产线
上中	30M	4M/年	30M(1Q)	3 条生产线
法华	15M	2M/年	15M	1 条生产线

年底决定厂房是购买、租赁，还是出售。购买厂房后，将购买款放在厂房价值处，表明该厂房的价值，厂房不提折旧；租赁厂房的租金放在综合费用区的租金项；出售新华厂房收入计入 2Q 应收款，出售上中厂房为 1Q 应收款，它们均不是可以马上使用的现金，急需用钱时可以贴现，出售法华厂房为现金。新华厂区示意图如图 1-10 所示。

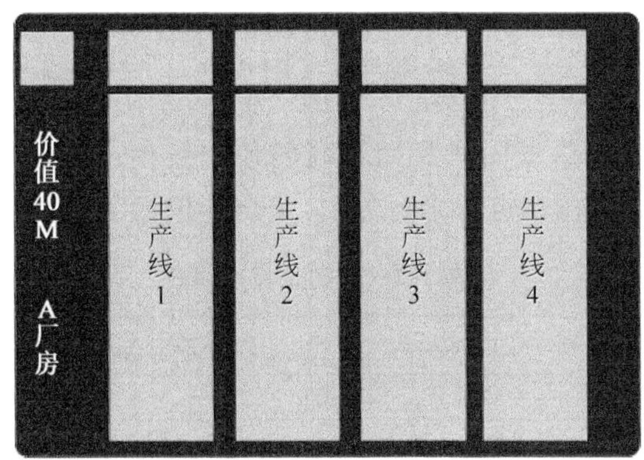

图 1-10 新华厂区示意图

1.5.4 生产线购买、转产、维护、出售与折旧

金蝶沙盘生产线购买、安装、维护、转产与出售规则见表 1-6。购买生产线时，可先占用厂房，年底付租金或购买。

表 1-6 金蝶生产线购买、安装、维护、转产与出售规则

生产线	购买价格	安装周期	搬迁周期	加工周期	改造周期	改造费用	维护费用
手工线	5M	1Q	无	3Q	无	无	1M/年
半自动	10M	2Q	无	2Q	1Q	2M	1M/年
全自动	15M	3Q	1Q	1Q	2Q	6M	2M/年
柔性线	25M	4Q	1Q	1Q	无	无	2M/年

(1) 购买：投资新生产线时按安装周期平均支付投资，全部投资到位的下一个季度领取产品标识，开始生产。因此，投资完成后的下一个季度才算生产线建成。生产线建成后，可在各厂房间搬迁，公司之间可租借生产线。

(2) 转产：现有生产线转产生产新产品时可能需要一定转产周期并支付一定转产费用，最后一笔支付到期一个季度后方可更换产品标识。只有空的并且已经建成的生产线方可转产或变卖。

(3) 维护：当年在建的生产线不用交维护费，当年建成的生产线要交维护费。生产线变卖按季度考虑维护费。

(4) 出售：按折旧后的净值。

(5) 折旧：生产线折旧按原值 5 年平均折旧。在建工程和当年新建成生产线不提折旧。

例如，第一年 1Q 投建柔性生产线，连续投资到第一年 4Q，投资完成。第二年 1Q 方可领取产品标识，开始生产。因此，该条生产线的建成时间是第二年 1Q，而不是第一年 4Q。为此，该生产线，第一年 4Q 尚在建设中，既不用交维护费，也不需要折旧；第二年是建成的第一年不用折旧，但要交维护费；第三年是建成的第二年既要交维护费，也要提折旧。

1.5.5 产品构成与产品生产

产品研发完成后，即可生产。生产不同的产品需要不同的原料。具体产品原材料构成见表 1-7，加工费见表 1-8，不同产品用不同的生产线生产的加工费不同。允许组间买卖产品，价格由买卖双方协商，也可来料加工，完全外包加工，价格由双方协商。

表 1-7 产品原材料构成

产　品	产品原材料构成		
Beryl	1M1		
Crystal	1Beryl	1M2	
Ruby	1M2	2M3	
Sapphire	1M2	2M3	1M4

表 1-8 金蝶沙盘生产计件加工费列表

产　品	手工线加工费	半自动加工费	全自动加工费	柔性线加工费
Beryl	1M	1M	1M	1M
Crystal	2M	1M	1M	1M
Ruby	3M	2M	1M	1M
Sapphire	4M	2M	2M	1M

说明：空生产线才能上线生产，每条生产线同时只能有一个产品在线生产，开始生产时按产品结构要求将原料放在生产线上并支付相应的加工费开始生产。上线生产必须有原料，否则必须停工待料。

1.5.6 原材料采购

原材料采购涉及两个环节，即签订采购合同和按合同收料。签订采购合同时，要注意采购提前期，M1、M2 需要提前一期下订单，M3、M4 需要提前二期下订单，到期方可取料。早了会造成原材料积压，占用资金；晚了会造成停工待料，影响生产效率。

用空桶表示原材料订货，将采购数量写一小纸条放入空桶中，将其放在沙盘盘面相应的原材料订单上，并记入采购登记表订购数量的相应栏目，订货时不付款。货物到达时，必须照单接收，并按规定付款或计入应付款，同时记入采购登记表采购入库的相应栏目。

与用友沙盘相比，金蝶沙盘里增设了批量采购的规则，即原材料的采购数量不同，支付货款的方式不同，具体见表 1-9。

表 1-9 原材料采购付款账期

每季度采购某种原材料数量	付款账期	每季度采购某种原材料数量	付款账期
4 个及 4 个以下	现金	13～16 个	3Q
5～8 个	1Q	17 个及以上	4Q
9～12 个	2Q		

说明：原材料变卖给银行按原值的 1/2 处理，组之间可以相互转让原材料。

1.5.7 产品研发

新产品研发与投资可以同时进行，按研发周期平均支付研发投资，也可以有选择地分别进行。资金短缺时，可以随时中断或终止投资。新产品必须在研发完成后方可接单生产。当年研发投资计入当年综合费用，研发投资完成后持全部投资换取产品生产资格证。产品研发技术允许转让，转让金额≥研发费用。产品研发周期与费用见表 1-10。

表 1-10 产品研发周期与费用表

产 品	Crystal	Ruby	Sapphire	备 注 说 明
研发时间	4Q	6Q	8Q	研发时间可以延期，但不能加速投资
研发投资	4M	12M	16M	

例如，Ruby 产品研发周期为 6Q。企业从第一年 1Q 开始研发 Ruby，最快要到第二年 2Q 才能完成研发投资。因此，最快要到第二年 3Q 方可开始生产 Ruby 产品。研发投资计入综合费用，研发投资完成后，持全部投资到裁判台换取产品生产资格证。

1.5.8 ISO 认证

ISO 认证时间与费用见表 1-11。

表 1-11 ISO 认证时间与费用表

ISO 认证体系	ISO 9000 质量认证	ISO 14000 环境认证	备 注 说 明
持续时间	1 年	2 年	认证时间可以延期，但不能提前
认证费用	1M	2M	

两项认证投资可同时进行，按持续时间平均支付认证费用。相应投资完成后持全部费用换取相应的ISO资格证。当年认证投资计入当年综合费用。第4年开始市场有ISO认证要求。

1.5.9 融资贷款与应收款贴现

长期贷款最长期限为6年，短期贷款及高利贷期限为1年，不足1年的按1年计息。长期贷款每年需还利息，新贷长贷次年开始交利息，当年还的长贷该年也要交利息；短期贷款到期时还本付息（长期贷款10M起贷，短期贷款20M起贷），其规则见表1-12。资金贴现在有应收款时随时可以进行，其规则见表1-13。

表1-12 融资贷款规则

贷款类型	办理时间	最大额度	利息率	还本付息时间	贷/息
长贷(6年)	年末	上年权益的2倍	10%	年底付息，到期还本	20M/1M
短贷(1年)	季初		5%	到期还本、付息	20M/2M
高利贷(1年)	随时	与银行协商	20%	到期还本、付息	20M/4M

说明：本年贷款的最大额度=上年权益×2—已贷长短期贷款。贷款以10M及20M的整数倍为单位。长期贷款在贷款的次年开始支付利息，当年还的长贷该年也要交利息。同时注意，不要轻易贷高利贷。

表1-13 应收款贴现规则

应收款账期	1Q	2Q	3Q	4Q
贴现比率	1/12	1/10	1/8	1/6

说明：如1期应收款贴现以12M及12M的整数倍为单位，每12M的应收款交纳1M的贴现费用，放入综合费用区的贴息栏，其余11M作为现金放入现金库，不足12M按12M计算。再如3期应收款贴现以8M及8M的整数倍为单位，每8M的应收款交纳1M的贴现费用，放入综合费用区的贴息栏，其余7M作为现金放入现金库，不足8M以8M计算。

1.5.10 企业并购规则

一企业破产后，其他企业可并购。方式有注资和合并。

(1) 注资：注入金额≥弥补该企业当年所有者权益，独立运营。股权比率：注资金额/(注资金额+总资产)。

(2) 合并：注入金额≥该企业一年内到期的负债额，集团企业运营。

1.5.11 综合费用与折旧、税金、利息

(1) 综合费用：当年发生的行政管理费(每个季度1M)、市场开拓费、产品研发费、ISO认证费、广告费、生产线转产费、设备维修费、厂房租金等计入当年综合费用。

(2) 折旧：设备折旧按余额递减法计算，每年按所有应折旧生产线净值的 1/3 取整计算折旧。在建工程和当年建成的生产线当年不提折旧。当生产线净值小于 3M 时，每年提 1M 折旧。当生产线净值为零时，不再计提折旧。

(3) 税金：每年所得税计入应付税金，在下一年初交纳。

(4) 利息：利息、贴息等费用在利润表(损益表)中单列为财务支出，不计入综合费用。

1.5.12 处罚规则

(1) 财务报表必须真实，如果查出假账，将处以相差金额 5 倍的罚款。

(2) 必须按照规则运作，每发现一次违规，处以 1M 的罚款。

(3) 银行贷款必须和银行协商，不能私自贷款，或者延长贷款期限。每发现一次违规，将处以 5M 的罚款。

(4) 盘面信息真实，每发现一次作假，将处以 1M 的罚款。

(5) 必须按照操作顺序进行，不能私自修改顺序。每发现一次违规，将处以 1M 的罚款。

(6) 原材料采购、成品摆放必须按照位置，不能混用。每发现一次违规，将处以 1M 的罚款。

(7) 每年度末提交报表，如果未按时提交，罚款：1M/10 分钟。

1.6 编制财务报表说明

利润表与资产负债表的编制方法分别见表 1-14 和表 1-15。

表 1-14 利润表的编制(以起始年为例) 单位：百万元

序号	项目		上年	本年	数据来源
1	销售收入	+	40		产品核算统计表中的销售额合计
2	直接成本	−	17		产品核算统计表中的成本合计
3	毛利	=	23		产品核算统计表中的毛利合计
4	综合费用	−	8		综合管理费用明细表的合计
5	折旧前利润	=	15		序号 3 行数据−序号 4 行数据
6	折旧	−	4		盘点盘面上折旧数据
7	支付利息前利润	=	11		序号 5 行数据−序号 6 行数据
8	财务收入/支出	+/−	1		支付借款、高利贷利息和贴息计入财务支出
9	其他收入/支出	+/−	0		其他财务收支
10	税前利润	=	10		序号 7 行数据−(+)序号 8、9 行数据
11	所得税	−	3		序号 10 行数据为正数时除以 3 取整
12	净利润	=	7		序号 10 行数据−序号 11 行数据

表 1-15　资产负债表的编制(以起始年为例)　　单位：百万元

资　　产		年初	本年(数据来源)	负债+所有者权益		年初	本年(数据来源)
流动资产：				负债：			
现金	+	24	(盘点现金库中现金)	长期负债	+	0	(除一年到期长贷)
应收款	+	14	(盘点应收账款)	短期负债	+	20	(盘点短期借款)
在制品	+	6	(盘点线上在制品)	应付款	+	0	(盘点应付账款)
成品	+	6	(盘点库中成品)	应缴税	+	3	(根据本年度利润表中的所得税填列)
原料	+	2	(盘点原料库中原料)	1年到期的长贷	+	0	(盘点一年到期长贷)
流动资产合计	=	52	(以上五项之和)	负债合计	=	23	(以上五项之和)
固定资产：				所有者权益：			
土地和建筑	+	40	(厂房价值之和)	股东资本	+	70	70(股东不增资的情况下为70)
机器设备	+	12	(设备净值之和)	利润留存	+	4	15(上一年利润留成+上一年年度净利)
在建工程	+	0	(在建设备价值之和)	年度净利	+	11	(利润表中净利润)
固定资产合计	=	52	(以上三项之和)	所有者权益	=	81	(以上三项之和)
总资产	=	104	(流动资产+固定资产)	负债+权益	=	104	

1.7　关于商业情报

知己知彼，方能百战百胜。因此，谁掌握情报，谁就能在激烈的市场竞争中处于主动的地位，谁就能赢得时间、市场和利润。商业情报的来源主要分为两大类，即一手情报和二手情报。一手情报主要通过亲自调查获得；二手情报主要通过中间环节获得，比如新闻报道、研究报告等。

本沙盘对抗竞赛有关产品需求预测来源于二手情报，即一家权威机构对该行业发展前景的预测报告；而有关竞争对手的情报要靠各企业自己调查。

1. 读懂市场预测

在本实训中，市场预测是各企业能够得到的关于产品市场需求的唯一可参考的有价值的信息，对市场预测的分析与企业的营销方案策划息息相关。在市场预测中发布了近几年关于该行业产品市场的预测资料，包括各市场、各产品的总需求量、平均价格情况、客户关于技术及产品的质量要求等，见1.8节“市场预测报告”。

2. 竞争对手分析

营销总监或商业间谍可以通过实地调查了解竞争对手的情况，电子沙盘还可通过系统获取竞争对手的情报。例如，他们研发了哪些产品？进展如何？开拓了哪些市场？生产能力如何？融资情况如何？等等。竞争对手分析有利于企业合理利用资源，有针对性地制订战略与策略，开展竞争与合作。

1.8 市场预测报告

这是由一家权威的市场调研机构对未来 7 年里各个市场的需求的预测，应该说这一预测有着很高的可信度。但根据这一预测进行企业的经营运作，其后果将由各企业自行承担。

本地市场针对 Beryl 产品的需求开始减弱，而且利润空间也开始下滑。不过在未来几年中，还是有不少 Beryl 的需求。而 Crystal 产品的需求也开始慢慢多起来。区域市场在未来几年，Beryl 产品有一定销量，而 Crystal 产品销量较多。不过，相比本地市场和国内市场而言，区域市场的容量还是要低一些。亚洲市场的开拓需要 3 年时间，因此针对其需求量的预测不能特别确定。该市场可能会有较高的容量，对于高技术含量的产品有较多的倾向性。国际市场的开拓需要 4 年的时间。对于那些研发技术和设备相对落后的企业来说，该市场应该是一个比较理想的发展空间，对于 Beryl 产品的需求较多，而且利润空间较大。

Beryl 产品是目前市场上的主流技术，Crystal 作为对 Beryl 技术的改良产品，也比较容易获得大众的认同。Ruby 和 Sapphire 产品作为 P 系列产品里的高端技术，各个市场上对它们的认同度不尽相同，需求量与价格也会有较大的差异。

图 1-11 表示了未来几个产品的发展趋势。

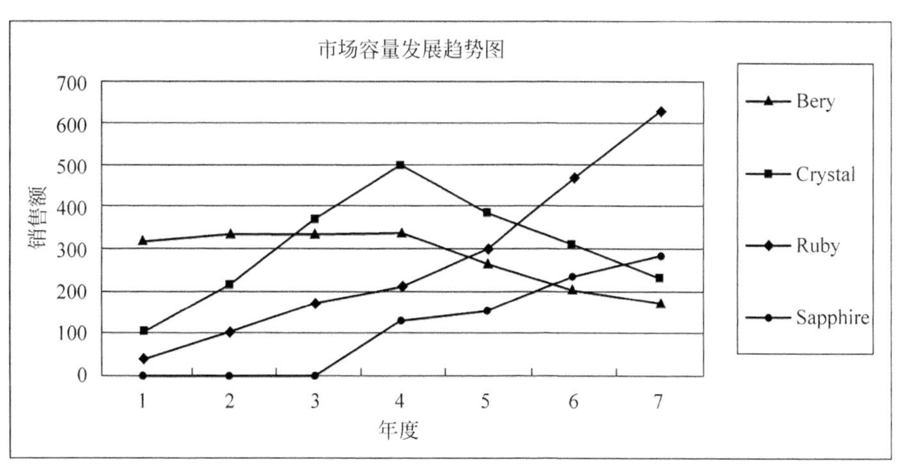

图 1-11 市场容量发展趋势图

总体来看，根据企业的实际情况可以比较准确地预计 1～3 年的销售情况(表 1-16)，但由于市场存在很大的不确定性，4～7 年的预计只能作为一个参考，可能蕴涵很大的变化性。

表 1-16 销量与单价预测表

分类	销 量 预 测	单 价 预 测
本地	Beryl 是一个成熟的产品，在未来 3 年内本地市场上需求较大，但随着时间的推移，需求可能迅速下降。Crystal 在本地市场的需求呈上升趋势。Ruby 和 Sapphire 的需求量不明确。不管哪种产品，未来可能会要求企业具有 ISO 认证资格	Beryl 的单价逐年下滑，利润空间越来越小 Ruby 和 Sapphire 随着产品的完善，价格会逐步提高

续表

分类	销 量 预 测	单 价 预 测
区域	区域市场的需求量相对本地市场来讲容量不大，而且对客户的资质要求相对较严格，供应商可能只有具备 ISO 资格认证——包括 ISO 9000 和 ISO 14000 才可以允许接单	由于对供应商的资格要求较严，竞争的激烈性相对较低，价格普遍比本地市场高
国内	Beryl、Crystal 的需求逐年上升，第四年达到顶峰，之后开始下滑。Ruby、Sapphire 需求预计呈上升趋势。同时供应商也可能要求得到 ISO 9000 认证	与销售量相类似，Beryl、Crystal 的价格逐年上升，第四年达到顶峰，之后开始下滑。Ruby、Sapphire 单价逐年稳步上升
亚洲	所有产品几乎都供不应求	Beryl 在亚洲市场的价格相对于本地市场来说，没有竞争力
国际	Beryl 的需求量非常大，其他产品需求不甚明朗	受各种因素影响，价格变动风险大

1～7 年内的销售量与单价预测如图 1-12 所示。

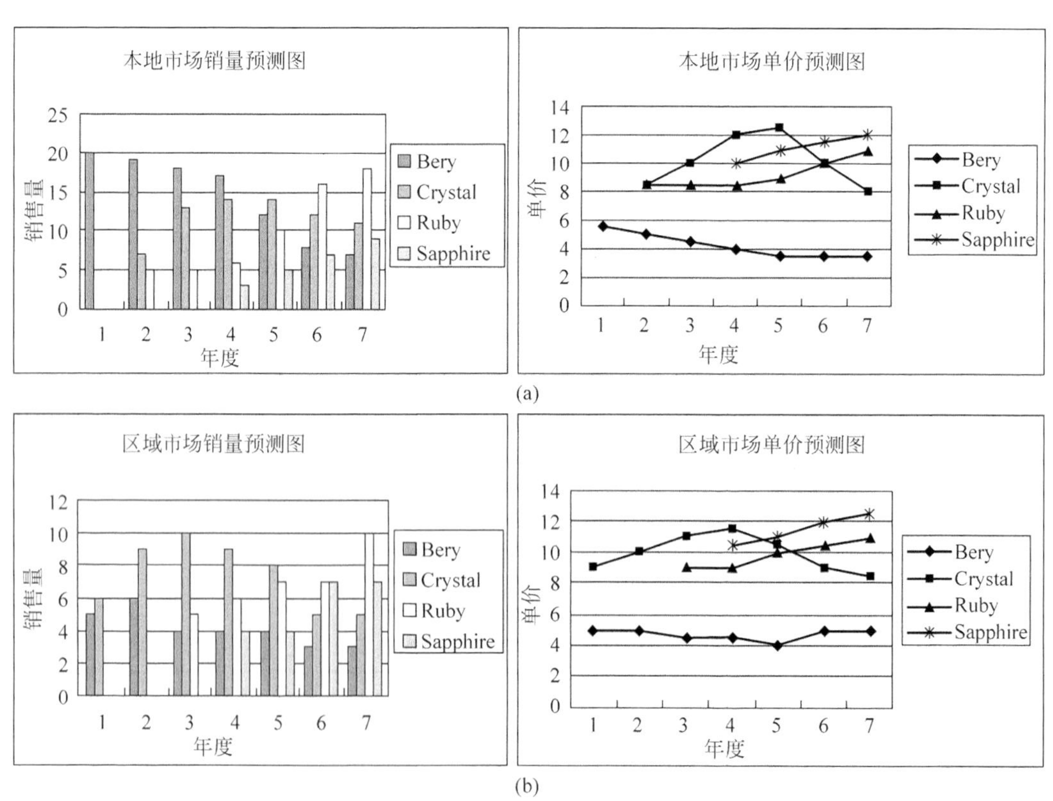

图 1-12　1～7 年内的销售量和单价的预测

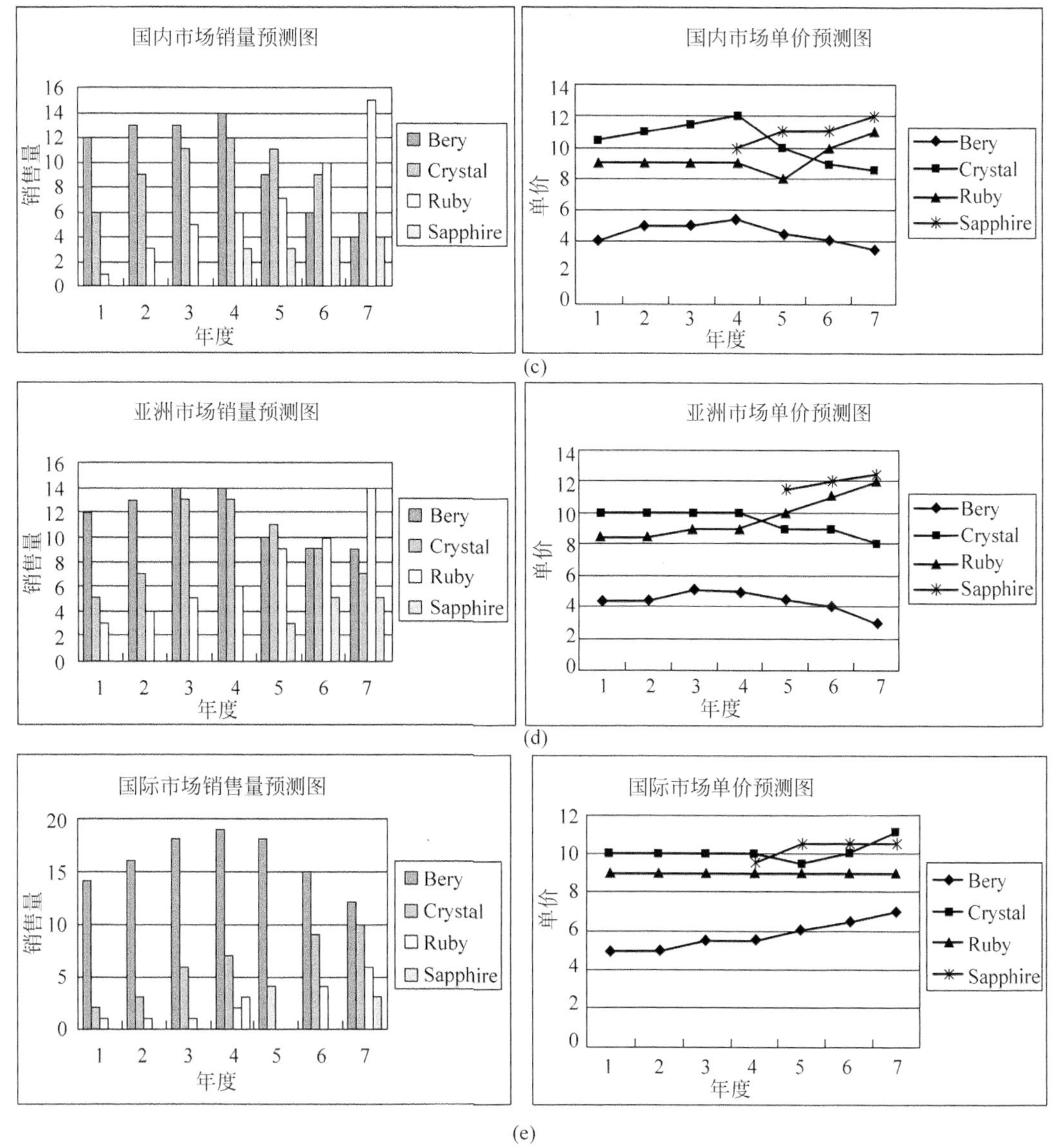

(c)

(d)

(e)

图 1-12 （续）

关于市场预测的简略分析如下。

(1) 本地市场：总体市场需求量大，Bery1 呈现明显的下降趋势，与之相反的是 Ruby 呈现明显的上升趋势，Crystal 是先升后降。头三年，Bery1 产品利润空间不错，Crystal、Ruby 价格迅速上扬；第四年，本地市场 Crystal 价格在各个市场中价格最高。换言之，在头两年，本地市场对目前的企业(生产能力弱)现有的产品(技术含量低)来说，可以是一个不错的生存市场。而第三年后，可以成为扩大再生产及开发新市场的有力后盾。

(2) 区域市场：开发周期短，市场容量不是很大，但 Sapphire 需求较大，产品价格较平稳。若在竞争不太激烈的情况下，可以考虑作为企业的利基市场。但如果竞争激烈，其价值则有限。因此，区域市场的问题在于如何有效利用。

(3) 国内市场：Beryl、Crystal、Ruby 市场容量明显大于区域，Beryl、Crystal 略呈下降趋势，Ruby 呈现较明显的上升趋势，Sapphire 需求不大，产品价格相对平稳，Crystal、Beryl 价格较好。由于其开发周期与产品的研发周期接近，因此，很可能会成为各企业为开拓新市场、增加销售而争夺的焦点。

(4) 亚洲市场：开发周期较长，高端产品价格平稳，市场容量略高于平均水平，Beryl、Crystal、Ruby 市场容量明显大于区域。由于后几年各企业产能都可能有所扩大，占领新市场将成为一些企业的追求。因此，第四年在激烈的竞争中可能会成为广告的重地，如果竞争不激烈，也极有可能成为独家的舞台。因而，掌握竞争对手的市场开拓信息非常重要。

(5) 国际市场：这是一个非常独特的市场，其独特性并不在于其开发周期最长，而在于从所有年份来看，对 Beryl 的需求都非常旺盛，在各市场 Beryl 需求量和价格都普遍下降的情况下，在国际市场 Beryl 的价格却节节攀升，后期在所有市场所有产品中利润率最高，且维持较高的需求，利润空间非常可观。其独特性还表现在该市场对 Ruby、Sapphire 几无需求，对 Crystal 的需求在其他市场呈下降的趋势下反而呈现上升趋势，虽然规模不是很大，但第六年也与国内市场和亚洲市场持平，高于区域市场。这种独特性，也许可以成为制胜甚至反败为胜的奇兵。

第2章

操　作　篇

思路决定出路，格局决定结局。

企业为什么需要战略？根本原因是资源有限。

战略没有好坏，只有适合和不适合；适合自己的战略就是最好的战略。

本篇实训目标

(1) 按照企业运行流程，有效履行所担负的职责。

(2) 理解企业战略的重要性，学会用战略的眼光看待企业的业务与经营。

(3) 体验制造业企业的完整运营流程，理解物流、资金流、信息流的协调过程，体会现金流的重要性。

(4) 训练战略管理、市场营销、财务管理、生产运作、物流管理、市场信息收集与运用等管理技能。

(5) 理解团队合作的重要性，树立全局观念及共赢理念；体会人尽其才的价值及用人不当的后果。

2.1　开　篇　语

也许你已经迫不及待地想动手操作，且慢！在进行模拟企业的实际操作前，你和你的团队必须解决以下3个问题：①彻底弄懂导入篇所讲的市场规则和企业运行规则，这是企业有效运行的基础；②基于导入篇所提供的市场预测，制订企业的发展战略，明确企业的发展方向和目标，这是取胜的关键；③严肃组织纪律，使企业能在CEO的统一指挥下，严格按照企业流程各司其职、协调运作，这是成功的保障。

2.1.1　关于运行规则

了解规则并用好规则是模拟企业顺利有效经营的基础。运行规则并不是只要CEO掌握就行了，其实每个人都应该熟练掌握，特别是涉及你所负责业务部分的规则。对于规则，要彻底弄懂，而不是想当然的似懂非懂。在实训过程中，我们发现关于市场老大的作用和地位与广告和选单的关系理解错误的人最多；关于新生产线的折旧与维护费搞错的人也很多；还有就是贷款的更新与利息、新产品的上市与广告的顺序、不同产品的成本核算等。在本实训中，原材料订货与采购应该比较简单，可是还有很多人搞错，要么是搞不清订货与采购的关系，要么是订货采购得太早，以至于积压在原材料库里迟迟不能用等，不一而足。

在接下来的实际操作中，不同角色的用表填法不同。CEO 的用表，主要是控制企业按流程运行，在完成每项工作后画钩即可。财务总监的企业运行流程表中，主要填写的是现金流入、流出的数字，不涉及现金流入、流出的项目不填写数字，画钩、叉或星号即可；在资产负债表中，产成品和在制品科目填的是产成品和在制品的价值金额，而不是个数。营销总监用表填写的是产成品的数量；生产总监用表填的是在制品的数量，采购总监填写的是原材料订货和采购的数量。COO 的用表与 CEO 为同一个表，主要是监督企业按流程运行，在团队成员完成每项工作后画钩。专门的情报人员使用营销总监的用表。

还有一点要特别说明的就是，应严格按照模拟企业运行流程一步步运作，不要跳跃式运行。短期贷款是每个季初都能贷，而长期贷款只有年底才能贷，在现金流运行到年底时就要决定是不是要增加长期贷款。而不是等到结完账后，甚至是下一年已经开始运行时，才想要长期贷款。

关于竞争的胜负，不光看你当前的所有者权益，还要看你企业的发展潜力，切记！

2.1.2 关于战略选择

企业经营犹如在波涛汹涌的大海中航行。航船要驶向希冀的彼岸，就离不开罗盘和舵柄。企业要在瞬息万变的竞争环境里生存和发展，也离不开企业战略的指引。用马云的话来说："小公司的发展战略就是：活下来，挣钱！"因此，我们在制订发展战略时，一定要注意控制发展速度。此举并非是提倡墨守成规、停滞不前，而是要注意发展的速度要与企业权益和财务状况平衡发展才能相得益彰，这也是管理的精髓之一，即"适度"的问题。（参阅阅读文章 2："跑马圈地、以快制胜"的误区。）

一些实训团队在制订企业发展战略时，豪情万丈，气吞山河，大有扫平天下的感觉：一上来就拼命铺设全自动和柔性生产线，研发全系列产品，开发全部市场，融资用到了极限。结果是财务费用、研发费用、市场开拓费用等支出巨大，再加上生产线折旧等，公司权益下降迅速，致使权益为负或现金断流，不得不宣告破产。为此，各企业在制订战略时，一定不要脱离企业的实际，要懂得量力而行。当然，过于保守也不行。

正确的做法是，由于资源有限，企业在一定时期里，只能做有限的事，因此，目标一定要明确。具体到我们的实训中，就是要思索并回答以下几个问题。

1. 想成为什么样的公司

想成为什么样的公司？例如：规模，是大公司还是小公司；生产产品，是多品种还是少品种；市场开拓，是许多市场还是少量市场；市场地位是努力成为市场领导者还是追随者。例如，在用友杯沙盘大赛中，C 公司拟采取"全部市场＋有限产品"的策略，所以，第一年只在本地市场投了 2M 广告费，销售了部分 P1 产品。在随后的第二年，C 公司仍然只生产 P1 产品，并用较低的广告费用售出了一部分 P1 产品。C 公司第一时间开发了所有市场，却并没有开发新产品。正当人们认为其发展滞后时，C 公司在第三年年初跳过 P2、P3 产品，直接开发了 P4 产品，并开建一条 P1 产品的全自动生产线，保留一条 P1 产品的半自动生产线。在第三年 4Q 变卖了手工生产线，开始投资建设 4 条 P4 产品的全自动生产线，在第四年 2Q 与 P4 产品的研发同步完成，3Q 开始生产 P4 产品。从第四年开始，由于其独家生产 P4 产品，包揽了 P4 产品市场。第五年，由于有 4 条全自动生产线全力生产 P4 产品，C 公司在本地、区域、国内和亚洲 4 个有 P4 产品需求的市场上，均以 3M 广告费实现了重复选单，C 公司 P4 产品席卷了各个市场，并进行了 P1 产品向国际市场的转移。由于其 P1 产品的储备和仍保留的产能，在国际市场实现了 P1 产品的多次选单，抢占了国际市场的老大地位。第六年发展更是锦上添花。由于国际市场 P1 产品的利润率很高，其余各市场 P4 产品的利润率也很可观，C 公司的权益大幅攀升。最终，C 公司用 3 年的时间实现了大逆转，赢得了竞赛。

2. 倾向于何种产品和何种市场

在资源有限的约束条件下，很多情况放弃比不计代价的掠取更明智。你不可能全面开花、面面俱到，因此要选取你的重点市场和重点产品。例如，在用友杯沙盘大赛中，A 公司第一年在本地市场投放了 8M 广告费，夺得了市场老大的地位，早早地确立了自己的“主战场”。由于本地市场是综合需求量最大的一个市场，于是，A 公司在随后的发展过程中，变卖了手工生产线，在大厂房里新置了 5 条全自动生产线，开发了 P2、P3 产品，跳过区域市场，又开发了国内和亚洲市场，实现了产能与市场之间的平衡，持续稳健发展。在企业融资和广告费用等方面节约了大量成本，健康发展到第六年，最终取得了第一的成绩。

又如，F 公司第一年以 5M 的平均广告费投入获得了平均销量。第二年研发了 P2 产品，投资了 2 条 P2 全自动生产线，并开发了全部市场。第三年开发了 P3 产品，变卖了 2 条手工生产线，新建了 2 条 P3 全自动生产线。第四年开始大规模销售 P2、P3 产品，并取得了亚洲市场老大地位。然而，此时由于各公司均大量生产 P2、P3 产品而趋于饱和，广告费竞争也非常激烈，于是，F 公司在这一年决定开辟新的蓝海——研发 P4 产品。F 公司从第五年开始低成本销售 P4 产品，同时放弃一些利润率低的产品市场。6 年经营结束，F 公司凭借这种始终灵活转变的策略，最终赢得了竞赛的胜利。

放弃也是一种美。有时放弃比占有更重要。打下江山后，我们自然会想到保江山。这句话本身无可厚非，但值得我们注意的是，我们要保有价值的江山。对于那些竞争激烈、利润空间小的市场要敢于放弃，依据自己的产品组合和竞争状况寻找新的市场，不断地“丢芝麻，捡西瓜”。

3. 计划怎样拓展生产设施和生产能力

生产线是产品加工的载体。本沙盘有手工、半自动、全自动和柔性 4 种生产线。不同的生产线，购置价格、生产效率、折旧费用及转产的灵活性都各不相同，因此，生产总监应会同财务总监、营销总监与 CEO，依据本公司的发展经营战略和财务状况选择恰当的时机投资恰当的生产线。具体来说，为了有效扩大生产能力，你将需要思考并回答：购置什么样的生产线，什么时候购买和购买多少。为此，需要考虑以下几个方面因素。

(1) 生产线的安装周期。如果计划在第二年 1Q 生产 Beryl 产品，则应在第一年 1Q 开始投资建设全自动或柔性生产线；或在第一年 3Q 开始投资建设半自动生产线。

(2) 产品研发周期。如 P3、P4 产品研发周期需要 6Q,因此,为避免生产线闲置,可将 P3 产品全自动生产线调整在第一年 3Q 开始投资。第二年 2Q,生产线安装和产品研发同时完成,3Q 开始生产。

(3) 生产线的折旧。生产线的折旧影响公司的权益,而权益又决定了公司的融资规模的大小和是否破产等。因此,生产线的折旧直接影响着公司的财务状况。由于当年建成的生产线,当年不提折旧,所以,应考虑生产线的建成时机,尽量增加新生产线建成当年的使用时间,特别是在财务状况紧张的时候。

(4) 生产线的种类组合需要考虑产品研发的种类及市场开拓的情况。一般来讲,如果采取积极扩张的战略,则倾向于全自动和柔性的生产性;如果采取稳健发展的策略,则可考虑半自动和全自动生产线,并控制生产线的数量。

在实际操作中,柔性生产线是一把“双刃剑”,它的优点在于可以灵活快速地调整企业的产品生产组合,方便营销总监接取订单。然而,缺点也在其中,首先其投资成本较高和折旧费用较大;其次,柔性生产线的存在对于原材料的采购、生产的组织等产生了一定的影响。因此,生产线组合及安装的前提是,制订合理、详细的企业发展战略,在此框架指导下,做好企业的现金预算分析,这样才能保证生产线选择的合理性。

4. 计划采用怎样的融资策略

现金流是企业生存的命脉,企业失去现金流将意味着企业的倒闭破产。融资的方式有很多,长期贷款、短期贷款、应收款贴现、出售厂房和设备、拆借等,还有高利贷;但高利贷方式应尽量避免使用。每种融资方式的特点和适用性都有所不同,要根据企业的发展规划,做好融资计划,以保证企业的正常运转。切不可因小利而影响到整个规划的实施。

值得注意的是,融资手段不应过于单一,而应是多种融资手段的最佳组合。如何巧妙处理各种融资手段之间的关系,以最低的成本获取最合适的融资是财务总监的重要职责。例如,长、短期贷款是公司的主要融资手段。一般而言,长期贷款的费用成本高于短期贷款,但还款压力较小;短期贷款的利息成本较低,但短期的还款压力较大,尤其是在前期,公司的权益可能下降较大,影响公司的贷款能力。因此,需要对企业的经营战略、运营状况作一个长期的、细致的分析,以正确把握贷款时机并合理确定调整长、短贷之间的比例关系,在满足现金需求的情况下,使总的费用成本降到最低。

资金贴现是企业为缓解暂时性资金紧张而采取的融资方式,其前提是要有应收款。在实际操作中,应注意贴现的比例,一般来讲,应首先考虑贴现账期较长的应收款。

高利贷是费用成本最高的一种融资方式,对公司的权益损失较大,使公司财务状况进一步恶化,因此,一般不提倡使用,要尽量考虑其他的融资方式和途径。只有在迫不得已的情况下,才考虑此种融资方式。

在开始实际操作前,每个管理团队都应对上述问题进行深入探讨并达成共识。每一年经营下来,需要反思我们的行为,聆听指导教师根据现场数据所做的点评,分析实际与计划的偏差及其原因,并对战略做出必要的修正。

2.1.3 关于团队协作

本次实训虽然说是模拟企业 6～8 年的经营，但在盘面上运作只有短短 3 天的时间。作为一个临时组成的管理团队，能否尽量缩短磨合时间，立即进入角色，并且在 CEO 的统一指挥下各司其职，协调有效地运作非常重要。这就要求受训者既要积极向前，又要听从指挥；既要勇挑重担，又不厚此薄彼；既要各抒己见，又要彼此尊重。这样才能既发挥大家的作用，又不至于互不服气、各行其是，影响企业的经营运作。

在实训中，经常有企业不能平账的情况。这里有些是因为财务总监不会做账，但有很多情况是因为各角色没有严格按照企业运行流程去运作，各自为政，致使账目混乱不清；更有甚者拿着沙盘用具玩，致使账不符实。还有一些情况是营销总监与生产总监沟通不够，要么出现大量库存，要么订单接了产品却生产不出来。

另外一个值得注意的问题就是不能搞一团和气、没有原则的团结。如一个公司的财务 3 年都不能平账，运行到第三年了连利润留存还搞不懂也不换人，将严重影响企业的运营，也影响竞赛的进程。这不是真正的团结，更谈不上团队协作。让合适的人做合适的事，这是基本的准则。

2.1.4 发展战略

我们的发展战略由 CEO 带领管理团队共同决定。

请认真思索并记录以下问题：

(1) 我们想成为什么样的公司？企业的经营目标和宗旨是什么？(用文字描述及列出具体数字，如销售收入目标、利润目标等。)

(2) 我们倾向于何种产品、何种市场？准备何时实现？填写表 2-1。

表 2-1　市场与产品开发计划表

	本地	区域	国内	亚洲	国际
Beryl	现在的位置				
Crystal					
Ruby					
Sapphire					

(3) 我们想发展到多大的产能？建什么样的生产线？准备何时实现？填写表 2-2。

表 2-2　生产线购置计划表

	目前	第一年	第二年	第三年	第四年	第五年	第六年
手工	3						
半自动	1						
全自动							
柔性							

(4) 我们想什么时候融资、融什么资、融多少资？填写表 2-3。

表 2-3　融资计划表

	目前	第一年	第二年	第三年	第四年	第五年	第六年
长期							
短期	20M						

高利贷是不得已的选择，原则上不建议轻易采用。应收款贴现要根据实际财务状况和应收款情况而定，很难预先设定。

2.1.5　制订执行计划

各角色应根据上述企业战略规划，思索如何有效贯彻执行，并确定执行细节。

说明与提示：(每个角色要认真阅读并思考以下相关角色的提示。)

(1) CEO 首先要重点关注整体战略是否有偏差，并适时带领团队成员做出必要的调整；同时，控制企业严格按照流程执行各项工作。CEO 助理协助 CEO 工作，受 CEO 委托可以具体负责某些工作。

(2) COO(如设)监督企业按流程运行；或受 CEO 委托控制企业按流程执行各项工作以使 CEO 腾出时间和精力集中研究企业发展战略的问题。

(3) CFO 首先应该考虑的是现金流的问题，即要保证企业发展战略实施所需要资金的充足供应；同时，又不要使资金过多滞留，造成浪费。因此，CFO 要认真制订具体的融资计划和资金使用计划。同时，负责组织做好财务收支、记账、生产线折旧、维护费提取等工作。CFO 助理或责任会计在 CFO 的领导下具体做好现金收支、记账和制作财务报表等工作。

(4) 营销总监首先要根据企业战略在与生产总监协调的基础上，制订具体的营销计划，包括生产和销售什么商品、生产和销售多少、通过什么渠道销售、计划在什么地区销售、各地区比例如何、是否考虑促销活动等。重点考虑好广告投放和争取订单的问题，同时组织做好市场开拓投资、ISO 认证投资、产品交货收款、市场信息收集等工作。营销总监助理协助营销总监工作。

(5) 生产总监首先要根据企业发展战略的整体要求，在与营销总监、财务总监沟通的基础上，制订具体的产品开发计划、生产计划和设备投资与改造计划，确定新产品的研发进程、新设备用于生产何种产品、设备安装地点、所需资金来源、设备上线的具体时间、所需物料储备，以及生产什么、生产多少和何时生产等。生产总监助理协助生产总监工作，受生产总监委托可以具体负责某些工作，如执行具体生产任务等。

(6) 采购主管要与生产总监密切配合，根据生产计划的进度要求，确定采购什么、采购多少与何时采购，保证按时、足量供应生产所需的原材料，要努力做到既不出现物料短缺，又不出现库存积压。采购总监助理协助采购总监具体执行采购任务。

(7) 人力资源总监(如设)在 CEO 领导下，执行对团队成员的考核任务。因此，人力资源总监首先要清楚每个角色的任务，并确定考核的指标与方法，做好考核记录，提交 CEO 做最终决定。

(8) 商业情报人员(如设)在营销总监领导下做好商业情报收集工作,同时参与营销决策。为此,首先要掌握竞赛规则,清楚自己企业的情况,明确要收集哪些情报等。

2.1.6 就职上任

确认我的角色:

我的角色是:＿＿＿＿＿＿＿＿＿＿＿＿

我的就职宣言:

开展我的工作:(确定执行计划与执行细节)

(不够可另加附页)

2.2 起始年运行

企业选定新的管理团队之后,原有管理层总要"扶上马,送一程"。因此,在起始年里,新的管理团队仍受制于老的管理团队,企业的决策由老的团队定夺,新管理层只能执行。起始年的主要目的是新管理团队的磨合,及进一步熟悉并掌握运营规则,明晰企业的运营流程。起始年运行在指导教师的控制下进行。

1. 模拟企业每年的运行流程(以财务用表为例)

模拟企业运行流程示意表见表 2-4,分为年初的 4 项工作,年中(每季度)的 10 项工作和年末的 5 项工作。各企业应跟随指导教师的指令按流程逐步运行,并在附录 A 的相关表格中做记录,同时在沙盘盘面相应操作。

表 2-4 模拟企业运行流程表(财务用表)

新年度规划会议				
参加订货会/登记销售订单				
制订新年度计划				
支付应付税				
季初现金盘点				
更新短贷/支付利息/获得新贷款				
更新应付款/归还应付款				
原材料入库/更新原料订单				
下原料订单				
更新生产/完工入库				
投资新生产线/变卖生产线/生产线转产				
向其他企业购买原材料/出售原材料				
开始下一批生产				
更新应收款/应收款收现				
出售厂房				
向其他企业购买成品/出售成品				

按订单交货				
产品研发投资				
支付行政管理费				
其他现金收支情况登记				
支付租金/购买厂房				
支付利息/更新长期贷款/申请长期贷款				
支付设备维护费				
计提折旧				
新市场开拓/ISO 认证投资				
结账				
现金收入合计				
现金支出合计				
期末现金对账				

销售会议完成后，将市场订单登记在2.5～2.10节的相应表格中。起始年订单如图2-1所示。

Beryl(Y0，本地)
6×6M=36M
账期：1Q　　交货：Q3

图2-1　起始年订单

销售订单登记表见表2-5。

表2-5　销售订单登记表

订单号									
市场	本地								
产品	Beryl								
数量	6								
账期	1Q								
交货期	Q3								
销售额	36								
成本									
毛利									

2. 填写商品核算统计表

商品核算统计表见表2-6。

表2-6　商品核算统计表

	Beryl	Crystal	Ruby	Sapphire	合计
数量	6				6
销售额	36				36
成本	12				12
毛利	24				24

3. 填写费用明细表

费用明细表见表2-7。

表2-7　费用明细表

项　　目	金额	备　　注
管理费	4	
广告费	1	
维护费	4	
租金		

续表

项　　目	金额	备　　注
转产费		
市场准入		□区域　□国内　□亚洲　□国际
ISO 资格认证		□ISO 9000　□ISO 14000
产品研发		Crystal(　)　Ruby(　)　Sapphire(　)
其他		
合　计	9	

4. 编制起始年财务报表

这包括起始年损益表(表 2-8)和起始年资产负债表(表 2-9)。

表 2-8　起始年损益表

项　　目		金额
销售收入	+	36
直接成本	−	12
毛利	=	24
综合费用	−	8
折旧前利润	=	16
折旧	−	5
支付利息前利润	=	11
财务收入/支出	+/−	1
其他收入/支出	+/−	
税前利润	=	10
所得税	−	3
净利润	=	7

表 2-9　起始年资产负债表

资　　产		金额	负债+权益		金额
现金	+		长期负债	+	
应收款	+		短期负债	+	20
在制品	+		应付款	+	
成品	+		应缴税	+	3
原料	+		一年到期长贷	+	
流动资产合计	=	63	负债合计	=	23
固定资产		金额	权　　益		金额
土地和建筑	+	40	股东资本	+	70
机器和设备	+	7	利润留存	+	11
在建工程	+		年度净利	+	7
固定资产合计	=	47	所有者权益合计	=	88
总资产	=	111	负债+权益	=	111

说明:

(1) 假设起始年转贷 20M 短期贷款,没有添置新的生产线,也没有进行新市场开拓和新产品研发投资,维持企业正常运营。

(2) 其中尚有部分项目需在实际运营中填写。

2.3 典型策略介绍

俗话说:"凡事预则立,不预则废。""未曾画竹,而已成竹在胸!"同样,做 ERP 企业经营沙盘模拟实训前,也要有一整套策略成型于心,方能使你的团队临危不乱,镇定自若,在变幻莫测的比赛中笑到最后。下面介绍 3 种典型的整体策略和 3 个实训或用友杯沙盘大赛中的实际例子供读者启发思路。

2.3.1 力压群雄——霸王策略

1. 策略介绍

在一开始即大举贷款,所筹到的大量资金用于扩大产能,保证产能第一,以高广告投入策略夺取本地市场老大地位,并随着产品开发的节奏,实现由 P1 向 P2、P3 等主流产品的过渡。在竞争中,始终保持主流产品和综合销售额第一。后期用高广告投入策略争取主导产品最高价市场的老大地位,使权益最高,令对手望尘莫及,从而赢得比赛。

2. 运作要点

运作好此策略的关键有两点,一是资本运作,有效使用长短期融资手段,使自己有充足的资金用于扩大产能和维持高额的广告费用,并能抵御强大的还款压力,使资金运转正常,所以,此策略对财务总监要求很高;二是精确地预测产能和生产成本,有效地预估市场产品需求和订单结构。如何安排产能扩大的节奏,如何实现"零库存",如何进行产品组合与市场开发,这些将决定最终的成败。

3. 评述

采取霸王策略的团队需要有相当的魄力,真得像当年的霸王项羽那样,敢于气吞山河、破釜沉舟,谨小慎微者不宜采用。此策略的隐患在于,如果资金或广告在某一环节出现失误,则会使自己陷入十分艰难的处境。过大的还款压力和贷款费用可能将自己逼到破产的境地,就像霸王自刎乌江那样。所以,此策略的风险很高,属于高投入、高产出的那种,但高投入并不一定会高产出。

2.3.2 忍辱负重——越王策略

1. 策略介绍

越王策略也可称为迂回策略。采取此策略者通常是有很大的产能潜力,但由于前期广告运作失误,导致订单过少、销售额过低,产品大量积压、权益大幅下降,进而处于劣势地位。所以,在第二、第三年只能维持生计,延缓产品开发计划,或只进行 P2 产品的开发，积攒力量，度过危险期。在第四年时，突然退出 P3 或 P4 产品的开发，配以精确广告策略，出其不意地攻占对手的薄弱市场。在对手忙于应付时，将 P3 或 P4 的最高价市场把持在手，并抓住不放，不给对手以机会，最终赢得胜利。

2. 运作要点

此策略制胜的关键在于后期广告运作和现金测算上。因为要采取精确广告策略，所以一定要仔细分析对手的情况，找到他们在市场中的薄弱环节，以最小的代价夺得市场，减少成本。其次是现金预测，因为要出奇兵(P3 或 P4)，但这些产品对现金要求很高，所以现金预测必须准确。如果到时现金断流，完不成订单，那将前功尽弃。

3. 评述

越王策略不是一种主动的策略，多半是在不利的情况下采取的，所以团队成员要有很强的忍耐力与决断力，不为眼前一时的困境所压倒，并学会“好钢用在刀刃上”，节约开支，降低成本，先图生存，再图胜出。

2.3.3 见风使舵——渔翁策略

1. 策略介绍

渔翁策略是典型的跟随策略。当市场上有两大实力相当的企业争夺第一时，渔翁策略就派上用场了。首先，在产能上要努力跟随前两者的开发节奏，同时在内部努力降低成本，在每次新市场开辟时均采用低广告策略，规避风险，稳健经营，在其两败俱伤时立即占领市场。

2. 运作要点

此策略的关键有二：第一在于一个稳字，即经营过程中一切按部就班，广告投入、产能扩大都循序渐进、逐步实现，真正做到稳扎稳打；第二要利用好时机。因为时机是稍纵即逝的，对对手一定要仔细分析。

3. 评述

渔翁策略在比赛中是常见的，但要成功一定要做好充分准备，只有这样，才能在机会来临时一下抓住，从而使对手无法超越。

【个案介绍】

产能领先制胜法

想产能领先别人，就要扩大生产能力，投资新的生产线。为缩短生产周期就要变卖原有的手工生产线，转而投资全自动或柔性生产线。

B 公司在第一年 3 条手工生产线上的 P1 产品完工入库后陆续变卖，在大厂房内新投资建设了 4 条全自动生产线，而其他各组则在第一年的生产线投资上显得有些保守。因此，B 公司在第二年便建立了产能优势，并利用产能抢市场，投少的广告费接别人因产能不足不敢接的大单，再建新的生产线，如此形成良性循环。第三年，在大厂房又建立一条全自动生产线，并租下小厂房投建 4 条全自动生产线。到第四年，形成了 1 条半自动生产线和 9 条全自动生产线的产能格局。最终,依靠产能优势取得了胜利。

【个案介绍】

保权益胜出法

E 公司在前两年默默无闻,只投了少量的广告费用以销售必要的 P1 产品,它没有发展的迹象,但维持了很高的权益。就在人们感叹其发展前景时,E 公司却在第三年,当别的公司出现权益严重下降、融资困难、陷入发展瓶颈时,利用自己的权益优势获得了大量的短期融资,开发了 P2、P3、P4 产品,变卖了原有的生产线并投资建成了 6 条全自动生产线。第四年,在别的企业步履维艰时,一举收复失地。第五年更是锦上添花,利用产品组合优势,扩大产能,直至第六年胜出。

【个案介绍】

柔性调节胜出法

柔性生产线由于其投资费用、折旧费用高而不被"行家"所看好。但 D 公司一上来就斥巨资投建了 4 条柔性生产线,并把这 4 条柔性生产线打造成自己的核心竞争力。灵活调节生产,灵活广告投放和接单,使自己在各方面有了更多的余地,既迷惑了对手,也节省了广告费,即用非常少的广告费用接到了非常合适的订单,因为有些大单对手不敢接,生产不出来,最终赢得了比赛。但此法对生产的组织要求较高,极易出现原材料短缺或积压的情况。

条条大路通罗马。我们要用开阔的视野审视战略,用创新的头脑制订战略,用严谨的态度执行战略。最后的成功自然水到渠成。

2.4 阅读文章:如何正确看待战略与战略决策

2.4.1 阅读文章 1

百年柯达成也战略,败也战略

1. 战略变革成就了柯达的辉煌[①]

1963 年 2 月 28 日——这个在世界照相史上具有划时代意义的日子,柯达公司率先推出了"傻瓜相机"。当年营业额超过了 20 亿美元,纯利润 3 亿多美元,所花费的 600 万美元开发费带来了巨大的利润。可就在柯达的"傻瓜相机"大为走俏的时候,柯达做出了出人意料的举动:公布了"傻瓜相机"的专利技术。为什么?

其实,柯达公开"傻瓜相机"技术正是该公司战略变革的体现。当时世界上相机的拥有量已达数千万部,而且日本自行研究的"傻瓜相机"也行将问世,即使不公开其技术,其他公司也已模仿研制出了同类产品。另外,相机是耐用品,可以重复使用,而胶卷软片是一次性使用的,其市场需求越来越大。

鉴于以上考虑,柯达公司才做此战略转变,公布了"傻瓜相机"技术。公布的结果使日

① 杨明刚. 市场营销策划. 北京:高等教育出版社,2002,25-26.

本的独立开发与其他公司的模仿开发变得一钱不值,没有投入研制的公司不费吹灰之力就拥有了柯达提供的技术。此时,柯达正好收缩精力,全力生产高质量的胶卷,结果成功变身为处于垄断地位的胶卷业巨头,照样财源滚滚。

2. 不能因需而变陷入困境①

然而,柯达却在从"胶卷时代"走入"数字时代"中迷失了方向,在21世纪初IT泡沫破裂的时候陷入了严重的经营危机。究其根源有以下几点。

(1) 投资方向单一,过分依赖传统胶片部门,对数字科技给予传统影像部门的冲击反应迟钝。这主要是由于对现有技术带来的现实利润过分依赖和对新技术带来的未来利润的不确定,造成柯达大量资金用于传统胶片业务的简单扩张上,无暇他顾。

(2) 公司高层作风保守,迷恋既有优势,忽视对新技术和替代技术的开发。化学胶片与数字科技相隔甚远,而柯达的管理层多为化学等传统行业出身,满足于传统胶片产品的市场份额和垄断地位。

(3) 缺乏对市场的前瞻性分析,战略联盟被短期市场行为所左右,没能及时调整公司经营战略重心和组织架构,决策犹豫不决,错失良机。

针对上述问题和资本市场的反应,柯达于2003年9月26日宣布实施战略性转变:放弃传统的胶卷业务,重心向新兴的数字产品转移。

(1) "以变应变",增加非影像业务领域的投资。

(2) 不再向传统胶片业务进行重大的长期投资。

(3) 公司重组,机构进行了大幅调整。

2005年1月,柯达任命在惠普工作了31年的技术专家,被外界冠为"数字CTO"的William Lloyd为新的CTO。2005年6月,曾为惠普效力25年的彭安东(Antonio Perez)出任柯达首席执行官,其率领的惠普打印机部门每年的盈利高达100亿美元。

在全球传统胶卷市场迅速萎缩的当口,彭安东的走马上任被外界解读为柯达加速转型的一个重要信号,即这家企业已决心要把自己带入数码时代。

3. 转型失利从老大成追随者②

2009年6月,美国柯达公司宣布,将停止生产拥有74年历史的Kodachrome品牌胶卷。"这意味着一个时代的结束。"24年前曾使用柯达克罗姆反转片拍摄"阿富汗少女"的著名摄影师史蒂夫麦凯瑞公开表示。

2007年12月,柯达决定实施第二次战略重组,这是一个时间长达4年、耗资34亿美元的庞大计划。这次重组过程中,柯达裁员2.8万人,裁员幅度高达50%。重组的目标很明确,即将公司的业务重点从传统的胶片业务转向数码产品。

然而,2008年金融危机导致的需求减弱,结束了柯达短暂的复苏势头。自2008年第四季度起,柯达公司的营收开始步入一个快速下滑的通道。至2009年第三季度前,柯达

---

① 罗雁.百年柯达痛苦转型,战略性危机获得软着陆.中外管理,2005(7).

② 宋文明.柯达2010或出局:两次转型失败 从老大到追随者.中国经营报,2010-01-10.

的销售额分别下滑了24%、29%和29%。随后柯达宣布,2009年第三季度亏损1.11亿美元,连续第四个季度亏损,且业绩未达华尔街预期值。

在从传统影像到数码影像的转型战略中,柯达始终犹豫不决,贻误了战机,因为它不希望放弃自己在传统胶片时代的优势。从2003年开始,柯达才逐渐加快转型的步伐,但已错过了最好的时机。在此过程中,黯然失色的不止柯达一家,柯尼卡、美能达也已淡出了人们的视野。

相比之下,柯达在胶片行业的老对手富士在"做事"上就要"激进"得多。在它们意识到胶片行业已经是一个末路行业后,迅速关掉了其胶片生产的绝大多数生产线,转投与之前业务毫不相干的医药甚至化妆品行业。

【案例点评】

经营范围做大了,什么都做,而且习惯于用过去成功的方法做未来的事情,问题也就随之而来了。因为用过去成功的方法做未来的事情不担风险,做好了,自然不用说;做坏了,别人也说不出什么。如果你用新方法去做,做好了还行;做不好,麻烦就大了。因此也就严重影响了创新。往往只有当用过去成功的方法使企业陷入困境时才会想起创新;或说不得不创新,否则只有死路一条,这就是"成功的负担"。

2.4.2 阅读文章2

"跑马圈地、以快制胜"的误区

这是极度扩张理论与现实的悖论。

企业发展,慢固然不行,快也不一定就好。如何处理企业发展快与慢的辩证关系?

在我国企业界,现在普遍流行着一种"时不我待"的躁动——"跑马圈地、以快制胜"。一则是自身发展及与国内对手竞争的需要;二则是应对我国加入WTO后,一些市场的保护逐步到期,寄希望于国际巨头大肆进入我国市场前先"跑马圈地",占领市场,这个理由似乎更让人"尊敬和崇拜",因为带上了爱国和保护民族产业的光环。一时间,快速扩张似乎成了制胜的唯一法宝。这在零售业、家电连锁业、保险业等新兴或快速成长的行业表现尤为突出。

然而,我们看到的却是一个个"快速扩张、跑马圈地"明星们的陨落。亚细亚、红高粱、盛兴超市、普马、托普、"农超"的前车之鉴仍历历在目,家世界又不顾一切地"重蹈覆辙"。其实这些企业的领导人都很聪明,也有很好的开端,关键是忽视了"极度扩张"必然带来的弊端。

1. 极度扩张的必然弊端

(1) 管理人员内部培养跟不上发展的速度,只好"拔苗助长",提前上岗;同时,大量外招中高级"空降部队",造成文化融合困难,出现"文化混沌"。

(2) 前期的成功容易滋生浮躁的心态,影响脚踏实地的创业精神和作风,削弱创新精神和动力;同时,由于规模迅速过大,粗放式管理思维、模式和手段跟不上发展的需要,极易出现"一管就死、一放就乱"的情况,出现管理失控也就不足为奇了。

(3) 由于成长速度过快,前期积累的利润不足以支持扩张所需要的大量资金,只好靠不断扩大的负债来支撑，财务失控在所难免。这样的扩张很容易出现现金流危机，稍有风吹草动，就会像“多米诺骨牌”一样引起连锁反应，老债主蜂拥而至来讨债，又找不到新债主借钱，就只好关门大吉了。这不是个案，反映的是经营理念和经营作风的问题。

“跑马圈地、以快制胜”误导了很多人，也坑害了许多企业。“跑马圈地”的基本特征是谁先占了就是谁的。现实的商战中与当时的“跑马圈地”所不同的是，不仅有进入成本，还有维持成本，更要命的是你不是唯一拥有者。不仅有现有的竞争者与你对抗，而且随时会有其他新的竞争对手进来与你竞争。逆水行舟，不进则退。由于资源有限，面对全国的竞争，各地可能都会显得力不从心，更别说谁支援谁了，能把自己做好就已经不错了，哪还顾得上陷入困境的机构？于是，庞大的分支机构，也就是在全国各地“圈的地”，不仅无法成为继续前进的动力和利润的发动机，而且可能成为流血不止的窟窿和前进的绊脚石。

那么，是不是慢就好？答案是否定的。慢会贻误战机，毫无疑问会落后，会挨打。“起大早赶晚集”的例子比比皆是，只是由于错过时机、没有发展起来而未引起人们的注意罢了。因此，快速发展确实是企业的必然选择，只是快要恰到好处才行，要与自身的资源和能力相适应，可以略高一点以增加挑战性，便于人的潜能的挖掘和发挥，但过快就会将弦崩断。以快制胜，适度最重要。

“跑马圈地”要适度，要量力而行，财务稳健最重要。速度、规模和效益是扩张需要综合考虑的 3 个要素。过快的速度要爆胎，反而会慢了，这就叫“欲速则不达”。

(1) 戴尔的启示

大家熟知的戴尔公司，在 20 世纪 90 年代曾一度由于过快发展几乎陷入万劫不复的深渊，所幸被戴尔及时发现。1991 年戴尔公司的销售额超过 8 亿美元。1992 年戴尔公司为自己定的目标是 15 亿美元，结果销售额顺利地突破了 20 亿美元。为了继续保持高速增长，于是戴尔公司进入了惯常的零售渠道，试图在新兴的消费市场占得一席之地。

销售额猛增，这原本是好事，但这种快速增长引发了功能失调的问题，它将追求增长置于一切之上，却没有人明白数量究竟是怎样增加的。快速增长使得公司在基础设施和管理经营方面遇到了很多困难，日益膨胀的规模与它的管理方式发生了冲突，公司陷入失控状态。

公司出现了亏损，股票价格直线下跌。由于生产计划不善，公司不得不停止笔记本电脑的生产。面对这块大好市场，戴尔公司只能坐失良机，眼睁睁地当了 12 个月的旁观者。戴尔坦率地说，当时他已迷醉于这样一种信念：为了在大集团军中求生存，公司必须首先保证快速增长。这也正是我国许多企业现在的“迷思”。

当戴尔看到车轮开始驶离 9 年来的发展轨道时，他发现再不能仅仅依靠直觉来管理了，于是在公司内部加强了纪律和科学化管理。他迅速组建了一支高级经理队伍，这些经理都是在信息产业界拼杀多年、卓有建树的职业经理人。他给这些经理很大的自主权，以充分发挥他们的职业技能，同时毫不犹豫地从零售渠道中退出，也卓有成效地充实、加强了信息系统的基础设施。戴尔说：“我们明白，应该从零售渠道中退出，而一心一意做我们公司最擅长的事情。”

尽管戴尔当时很年轻，但他能够超越自我做出这样的决策，这确实是个了不起的成就。他已经从利用自己的聪明和技能做事转变为利用更多人的智慧去共同建立新的大厦，这是他走向成熟的标志。戴尔虽然是最高领导人和老板，但他明白如何与他组建的这一高级管理队伍分享权力。公司的动作也不再单纯地用战斗口号来鼓励，而是努力使公司集中到一些更清楚和理智的字眼上，比如“步骤”、“纪律”，从而使公司迅速摆脱困境。经过这场磨难，戴尔将公司的发展方向从一味的“增长、增长、增长”扭转到“流动性、利润和增长”三者并重上，这三者一起成了公司真正的核心话题。

戴尔公司是幸运的，因为他们及时发现并纠正了这种可以致命的偏差。然而，并不是所有公司都能这么幸运。目前，我国家电连锁业和保险业等行业正在经历着这种“磨难”，它们能否顺利化解仍需拭目以待。

(2) 家电连锁业和保险业的困局

我国家电连锁企业的扩张逻辑是以全国性网络和低价驱动来圈销量，再以销量压低进货价格，扩大利润空间，提高利润率。于是，圈地、圈钱、圈人的“三圈”运动和价格战成了必然选择。“同质化极度扩张”的结果是，出现了机构发展严重不平衡、单店指标下降、增产不增收的现象。

在分支机构、分店数量大量增加的情况下(比如，苏宁提前1个月完成了2005年开店150家的目标，是2004年年底以前店面总数的1.5倍)，考核营运能力的每平方米收入和毛利率在下降，总体利润率也在下降。国美等电器连锁企业近两年来一直在高速扩张，但行业利润的增长速度却远低于店面增长的速度，各店之间的差异开始显现。据悉，苏宁无效店面的比例从原来的5%增长到了10%，这一数字随着店面的大幅增加还将继续上升。

这不是家电连锁企业的特有现象，同时也出现在诸如保险这个新的朝阳行业里。为了迎接和抵抗加入WTO后，对外资企业全面开放的竞争，中资保险公司从2002年起在全国“跑马圈地”，大量开设分支机构，其结果是分支机构投入产出比大幅下降。

如某全国性保险公司投入产出比大于1的分公司由2003年的29家降到2005年的5家。中支公司的运营效率也急剧下降。这里面固然有整个行业调整转型影响的外因，但扩张过快，自身资源不足，又过于分散，管理能力跟不上是根本，是内因。同期成立的另一家全国性寿险公司2005年业绩出现较大下滑，快速扩张的“后遗症”也已初步显现。

2. 如何量力而行

(1) 沉着冷静，看自身的资源和能力，主要表现在人力、财力和管理能力上。联想创始人柳传志在谈到联想成功的经验和领导人责任时，明确表示为“搭班子、定战略、带队伍”。有多少人干多少事，培养领军人物始终是企业家最重要的事情。柳传志强调联想制订战略的3个指导思想是：①坚决不受“做成一个产品一举成功的诱惑”；②要发挥优势，做外国大公司所不能或不愿做的事；③做一般小公司或短期行为的公司做不了的事。正是由于这些理智的想法和作为，当与联想同期成立的公司一个个从人们视线里消失时，联想却成为知名的国际品牌。

联想的稳健从后面一段话中可以得到更充分的验证。柳传志曾经在小范围内谈道，什么事不能干呢？没钱赚的事不能干；有钱赚但投不起钱的事不能干；有钱赚也投得起钱但是没有可靠的人去做，这样的事也不能干。即或如此，联想也还经历了几次生死磨难。

(2) 适度是管理的精髓，是以快制胜的关键。“领先 10 步是先烈，领先 5 步是先驱，领先半步是成功”。微软是“借力使力、以快制胜”的典范。在 20 世纪 70 年代中期，微软借力 IBM 使 MS-DOS 成为微机操作系统的标准，奠定了其在软件领域的领导地位。在 20 世纪 90 年代中，微软又推出了划时代的 Windows 95，而后更是适时推出 Windows 98、Windows 2000 等。至此，微软在软件领域的霸主地位没人可以撼动了。然而，使用鼠标的视窗技术最先却不是微软发明的。所以说，微软的成功不仅仅表现在技术能力上，更多地表现在营销战略和策略上，把握好了适度的节奏。

(3) 差异化战略是打造核心竞争力的必由之路。家电连锁业的同质化竞争将价格战作为唯一的竞争策略，就必将落入零利润的零和博弈陷阱。戴尔之所以能取得今天的杰出成就，与那些神奇的软件和芯片并无太大联系，而是在于戴尔敢于逆流而上、取人之异、独得其利。直销本身并不是什么创新，但实行电脑直销却是个了不起的创举。这就是差异化，是创新。

【结论】“跑马圈地、以快制胜”的误区是越快越好、极度扩张。药方就是沉着冷静、量力而行，视自身的资源与能力，在速度、规模与效益三者间取得适度的平衡。

2.4.3 阅读文章 3

全面认识战略和战略决策

这就是如何正确看待战略与战略决策的问题。

“战略”一词来源于希腊字 Strategos，其含义是“将军”，当时这个词的意义是指挥军队的艺术和科学。今天，在企业中运用这个词，是用来描述一个企业打算如何实现自己的目标和使命的。大多数企业为实现自己的目标和使命，可以有若干种选择，战略就与决定选用何种方案有关。战略包括对实现企业目标和使命的各种方案的拟订与评价，以及最终选定将要实行的方案。

最近看到一些关于战略的文章，很受启发，如刘春雄《还战略一个真实的面目》一文，很多论述和引用都很精彩：“所有人都在选择，不做选择也是选择。”“企业因为战略而成功，并非因为成功才需要战略。”“战略不是那些‘资源无限’企业的专利，中小企业也需要战略。”“没有战略也是一种战略，只不过那是一种随遇而安的战略。”

文章关于企业家式战略的论述也很充分，很生动。的确，“在企业的初期状态，目标是一个暗藏的朦胧的意识。因为企业还很弱小，对瞬息万变的市场还缺乏把握。无论你具有怎样的信心，目标对于初创的企业至多是一个远大抱负因而无法量化与明确。一切都是在日后的发展中日渐明朗的。”(引自《联想为什么》)这就是中小企业的情况，没有充足的可调配的资源，没有对复杂的战略模型深刻理解的人，花不起巨额的战略调研费用和专家费用，每天忙于生存问题而不是长期战略所着力解决的长存问题。对这些企业来说，它们除了抓住机会、放大机会，没有过多的选择。因此，在此期间的战略决策多为凭经验感觉的机会决策，也就是该文中所称的企业家式战略。

也许是文章论述得太精彩，举例也很充分，看后容易使人对文章所称的经院式战略产生抵触，对企业家式战略产生无限向往，也给那些本来就对经院式不甚了解、喜欢一人决策、习惯拍脑袋决策的人以口实。固然，我们反对一些专家学者和顾问故弄玄虚，将战略神秘化和故意复杂化、晦涩化；但我们不能否认经院式的重要性和积极意义，以及对企业健康持续发展的重要作用。

斯剑在《企业，命系挥手间》一文中写道：当一个企业的决策者对自己企业的运营说了不算时，这个企业是相当可怕的；当一个企业的决策者对自己企业的运营一个人说了算时，这个企业是相当危险的。决策应该是一个严谨而复杂的过程，但权力一旦演变为某个人的权威，决策就会成为一场灾难的开幕式。真是一语中的。

有资料表明，美国平均每年要注册 50 万家企业，可只有不到 1/1000 的企业能上升到中型企业，或者称为稳定企业。1 000 家企业里有 999 家都是在这个水平线上退下来的，其中 95%的企业在 3 年之内必定破产，其余的企业就永远停留在小老板的行列中。2005 年 7 月 1 日公布的中国首部民营企业发展报告"蓝皮书"称：20 年来，中国每年新诞生企业接近 15 万家，而每年消亡的企业也有十几万家。60%的民营企业在 5 年内破产，85%的企业在 10 年内死亡。中国民营企业的平均寿命仅有 2.9 年。究其根源，战略决策失误、经营管理不善是重要原因。

的确，企业家式战略是此类企业所采用的主要战略决策方式，这是在特定环境和条件下的必然，是不得已而为之，而非有意如此。没有人会就此满足，只是形势所迫。我们必须承认这样的现实和接受需要成长的过程；但不应该放纵，甚至无原则地鼓励这种行为，更不应该夸大这种做法的积极作用。事实上，这种情况下失败的概率要远远大于成功的概率。因此，倡导科学地战略决策更显得具有积极意义。

科学地战略决策应是定性决策与定量决策的辩证统一、有机结合。企业家式战略更多的是侧重于定性分析，然后做出决策；而经院式战略更多的是注重于定量的研究，然后做出决策。其实，企业家式战略也少不了定量的分析做支持，而经院式战略也少不了定性分析做指引。

定性分析决策是一种传统的决策方式，更多地依赖于经验感觉、归纳演绎、抽象概括、综合分析等对事物的发展趋势和方向做出判断，具有化繁为简、化难为易的特点。直观性、通俗性强，无须经过复杂的考量和繁难的公式计算，决策时效快、成本低。便于抢占先机，有利于充分发挥管理者的主观能动性，随机应变、赢得主动权是成长初期企业的主要战略决策方式。但这种方式的缺点也非常明显，凭感觉随意性强。正如《面目》一文中写道的，企业家式战略决策往往简单而直接，一句话就容易触发决策。因而，也就容易出现失误。这类决策有定性认知，但缺乏量的描述（虽然也会自觉不自觉地用到一些定量分析的东西，但是不充分、不系统），容易产生误导。在传递过程中信息扭曲多，难以适应信息社会和数字化时代的高标准、严要求。

定量分析决策是随着 20 世纪兴起的运筹学、数量经济学、系统论等现代数学和信息技术手段而发展起来的新型决策方式和方法，更多地依赖于数理统计分析等现代分析方法对事物的发展变化幅度做出量化的研究和判断，具有比较科学且可操作性强，能够解决定性分析决策所不能解决的高难度复杂问题，容易传递。但定量分析决策也有明显的不足，就是不能脱离定性分析而独立存在，离开对事物性质和本质的正确认识，再精细的管理方法也难以有效发挥作用，有时也会显得画蛇添足。

当前战略决策面临的环境已经异常复杂，需要运用很多学科的知识，既不单纯是定性研究就能解决的问题，也不单纯是定量研究能解决的，而需要定性研究分析与定量研究分析的有机结合。同时，任何事物都是质和量的辩证统一，不仅需要有质方面的描述，也需要有量方面的描述。因此，对事物仅仅进行定性分析或定量研究都不足以反映事物的本来面目，都不可避免地带有形而上学的主观片面性。只有将定性分析与定量研究有机地结合起来，才能正确地反映和表明事物的性质与特点，做出正确的战略决策。事实上，对事物的定性分析必然导致对事物的定量分析，定量分析的目的在于更精确的定性。定性分析与定量分析应该是统一、相互补充的。定性分析是定量分析的基本前提，没有定性的定量是一种盲目的、毫无价值的定量；定量分析又使定性更加科学、准确，它可以促使定性分析得出广泛而深入的结论，这是从分析手段和方法上来讲的。

另一方面，从考虑的因素上来讲，科学地进行战略决策要充分地考虑内外因条件。内因是事物的内部矛盾，外因是事物的外部矛盾。在事物的发展中，内因与外因同时存在，事物的发展是内因与外因共同作用的结果。内因是事物变化发展的根据，是事物发展的根本原因；外因是事物变化发展的条件，外因通过内因起作用。基于以上哲学的基本思想，正确的方法论是坚持内、外因的有机结合，而不是割裂内、外因；更不是把内、外因对立起来。首先要重视内因的作用，其次也不能忽视外因的作用；有时外因在一定条件下起决定作用。

因此，归纳起来，科学地进行战略决策就是要主动地、有意识地运用定性分析和定量分析的手段研究外部环境的机会与挑战、内部自身的优势与劣势，然后放在一起分析，找出发展的机遇与可能的路径，做出符合自己利益和能力的选择。只有在企业初期受条件限制，现代定量分析的方法和手段采用得少些，甚至不采用，而主要用传统的定性方法做决策，但并不是没有定量的观察和研究。企业发展壮大了，条件允许了，现代定量分析的方法和手段就用得充分些，但也还是在定性分析的指引下进行的。因此，不管怎么说，都应该努力学习和掌握科学决策的基本原理与方法，这才是精髓；而不是模型的大小、数据的复杂程度等，那只是手段。

【结论】

(1) 战略决策贯彻始终。在企业拟成立的时候就已经在进行战略决策了。要成立某公司，成立的公司要干什么，这都是战略决策。只是这时的战略决策包括企业成立初期的战略选择可能基于定性分析的成分更多，靠领导人经验的成分更多，定量分析不足。随着企业的发展壮大，再单凭感觉的战略决策已经无法适应企业发展的需要，侧重于定量分析研究的战略决策日益重要，并且具备了可实行的基础和条件。

(2) 既不能将战略神秘化，也不能将战略轻视化和随意化，两者都会误人子弟。要及早培养科学战略决策的思想和采用科学战略决策的原理与方法；但不必片面追求大而全的现代手段，可以根据现实条件决定做得复杂些，还是简单些，但将定性分析与定量分析结合起来是应该的。

没有人会满足于停留在成功的偶然上，要由成功的偶然走向成功的必然，追求不断提高的科学战略决策水平是必由之路。

2.5 操作记录

1. 企业经营过程控制/监督表（CEO/COO）

企业经营过程控制/监督表由公司首席执行官（CEO）/首席运营官（COO）填写。

指导教师代替 CEO 控制团队成员运行起始年，并在团队成员完成每一项操作后，在相应的单元格内打钩。

第一年至第六年由 CEO 控制团队成员具体执行每一项操作，并在团队成员完成每一项操作后，在相应的单元格内打钩；COO 负责监督执行。

2. 企业经营过程记录表（CFO）

对于公司财务总监 CFO 用企业经营过程记录表，每执行完一项操作，财务总监（助理）在相应单元格内画钩或画叉；只在涉及现金收支的方格中填写现金收支的具体数字。

3. 企业经营过程记录表（营销总监）

对于公司营销总监用企业经营过程记录表，每执行完一项相关操作，由营销总监（助理）在单元格中填写产成品增减和销售情况。

4. 企业经营过程记录表（生产总监/技术总监）

对于公司生产总监用企业经营过程记录表，每执行完一项相关操作，由生产总监/技术总监（助理）在单元格中填写在制品生产和产品研发投资情况。

5. 企业经营过程记录表（采购总监）

对于公司采购总监用企业经营过程记录表，每执行完一项相关操作，由采购总监（助理）在单元格中填写材料收支情况。

6. 人力资源总监附加用表

人力资源总监附加用表由公司人力资源总监填写，内容包括每个成员的出勤情况、在企业运行中出错的情况、获裁判组奖励的情况、受裁判组处罚的情况，并对团队成员参与度和贡献度提出综合排序的建议。

操作记录

企业经营过程控制/监督用表

________公司首席执行官（CEO）/首席运营官（COO）

起 始 年

企业经营流程 请按顺序执行下列各项操作。	指导教师代替 CEO 控制团队成员运行起始年，CEO/COO 在团队成员完成每一项操作后，在相应的方格内打钩。			
新年度规划会议				
参加订货会/登记销售订单				
制订新年度计划				
支付应付税				
季初现金盘点(请填余额)				
更新短期贷款/还本付息/申请短期贷款(高利贷)				
更新应付款/归还应付款				
原材料入库/更新原料订单				
下原料订单				
更新生产/完工入库				
投资新生产线/变卖生产线/生产线转产				
向其他企业购买原材料/出售原材料				
开始下一批生产				
更新应收款/应收款收现				
出售厂房				
向其他企业购买成品/出售成品				
按订单交货				
产品研发投资				
支付行政管理费				
其他现金收支情况登记				
支付租金/购买厂房				
支付利息/更新长期贷款/申请长期贷款				
支付设备维护费				
计提折旧				(　　)
新市场开拓/ISO 资格认证投资				
现金收入合计				
现金支出合计				
期末现金对账(请填余额)				
结账				

第 一 年

企业经营流程 请按顺序执行下列各项操作。	CEO 控制团队成员具体执行每一项操作，并在团队成员完成每一项操作后，在相应的方格内打钩。COO 监督执行。			
新年度规划会议				
参加订货会/登记销售订单				
制订新年度计划				
支付应付税				
季初现金盘点(请填余额)				
更新短期贷款/还本付息/申请短期贷款(高利贷)				
更新应付款/归还应付款				
原材料入库/更新原料订单				
下原料订单				
更新生产/完工入库				
投资新生产线/变卖生产线/生产线转产				
向其他企业购买原材料/出售原材料				
开始下一批生产				
更新应收款/应收款收现				
出售厂房				
向其他企业购买成品/出售成品				
按订单交货				
产品研发投资				
支付行政管理费				
其他现金收支情况登记				
支付租金/购买厂房				
支付利息/更新长期贷款/申请长期贷款				
支付设备维护费				
计提折旧				(　　)
新市场开拓/ISO 资格认证投资				
现金收入合计				
现金支出合计				
期末现金对账(请填余额)				
结账				

第 二 年

企业经营流程 请按顺序执行下列各项操作。	CEO 控制团队成员具体执行每一项操作，并在团队成员完成每一项操作后，在相应的方格内打钩。COO 监督执行。			
新年度规划会议				
参加订货会/登记销售订单				
制订新年度计划				
支付应付税				
季初现金盘点(请填余额)				
更新短期贷款/还本付息/申请短期贷款(高利贷)				
更新应付款/归还应付款				
原材料入库/更新原料订单				
下原料订单				
更新生产/完工入库				
投资新生产线/变卖生产线/生产线转产				
向其他企业购买原材料/出售原材料				
开始下一批生产				
更新应收款/应收款收现				
出售厂房				
向其他企业购买成品/出售成品				
按订单交货				
产品研发投资				
支付行政管理费				
其他现金收支情况登记				
支付租金/购买厂房				
支付利息/更新长期贷款/申请长期贷款				
支付设备维护费				
计提折旧				(　　)
新市场开拓/ISO 资格认证投资				
现金收入合计				
现金支出合计				
期末现金对账(请填余额)				
结账				

第 三 年

企业经营流程 请按顺序执行下列各项操作。	CEO 控制团队成员具体执行每一项操作，并在团队成员完成每一项操作后，在相应的方格内打钩。COO 监督执行。			
新年度规划会议				
参加订货会/登记销售订单				
制订新年度计划				
支付应付税				
季初现金盘点(请填余额)				
更新短期贷款/还本付息/申请短期贷款(高利贷)				
更新应付款/归还应付款				
原材料入库/更新原料订单				
下原料订单				
更新生产/完工入库				
投资新生产线/变卖生产线/生产线转产				
向其他企业购买原材料/出售原材料				
开始下一批生产				
更新应收款/应收款收现				
出售厂房				
向其他企业购买成品/出售成品				
按订单交货				
产品研发投资				
支付行政管理费				
其他现金收支情况登记				
支付租金/购买厂房				
支付利息/更新长期贷款/申请长期贷款				
支付设备维护费				
计提折旧				( )
新市场开拓/ISO 资格认证投资				
现金收入合计				
现金支出合计				
期末现金对账(请填余额)				
结账				

第 四 年

企业经营流程 请按顺序执行下列各项操作。	CEO控制团队成员具体执行每一项操作，并在团队成员完成每一项操作后，在相应的方格内打钩。COO监督执行。			
新年度规划会议				
参加订货会/登记销售订单				
制订新年度计划				
支付应付税				
季初现金盘点(请填余额)				
更新短期贷款/还本付息/申请短期贷款(高利贷)				
更新应付款/归还应付款				
原材料入库/更新原料订单				
下原料订单				
更新生产/完工入库				
投资新生产线/变卖生产线/生产线转产				
向其他企业购买原材料/出售原材料				
开始下一批生产				
更新应收款/应收款收现				
出售厂房				
向其他企业购买成品/出售成品				
按订单交货				
产品研发投资				
支付行政管理费				
其他现金收支情况登记				
支付租金/购买厂房				
支付利息/更新长期贷款/申请长期贷款				
支付设备维护费				
计提折旧				(　　)
新市场开拓/ISO资格认证投资				
现金收入合计				
现金支出合计				
期末现金对账(请填余额)				
结账				

第 五 年

企业经营流程 请按顺序执行下列各项操作。	CEO 控制团队成员具体执行每一项操作，并在团队成员完成每一项操作后，在相应的方格内打钩。COO 监督执行。			
新年度规划会议				
参加订货会/登记销售订单				
制订新年度计划				
支付应付税				
季初现金盘点(请填余额)				
更新短期贷款/还本付息/申请短期贷款(高利贷)				
更新应付款/归还应付款				
原材料入库/更新原料订单				
下原料订单				
更新生产/完工入库				
投资新生产线/变卖生产线/生产线转产				
向其他企业购买原材料/出售原材料				
开始下一批生产				
更新应收款/应收款收现				
出售厂房				
向其他企业购买成品/出售成品				
按订单交货				
产品研发投资				
支付行政管理费				
其他现金收支情况登记				
支付租金/购买厂房				
支付利息/更新长期贷款/申请长期贷款				
支付设备维护费				
计提折旧				(　　)
新市场开拓/ISO 资格认证投资				
现金收入合计				
现金支出合计				
期末现金对账(请填余额)				
结账				

第　六　年

企业经营流程 请按顺序执行下列各项操作。	CEO 控制团队成员具体执行每一项操作，并在团队成员完成每一项操作后，在相应的方格内打钩。COO 监督执行。			
新年度规划会议				
参加订货会/登记销售订单				
制订新年度计划				
支付应付税				
季初现金盘点(请填余额)				
更新短期贷款/还本付息/申请短期贷款(高利贷)				
更新应付款/归还应付款				
原材料入库/更新原料订单				
下原料订单				
更新生产/完工入库				
投资新生产线/变卖生产线/生产线转产				
向其他企业购买原材料/出售原材料				
开始下一批生产				
更新应收款/应收款收现				
出售厂房				
向其他企业购买成品/出售成品				
按订单交货				
产品研发投资				
支付行政管理费				
其他现金收支情况登记				
支付租金/购买厂房				
支付利息/更新长期贷款/申请长期贷款				
支付设备维护费				
计提折旧				(　　)
新市场开拓/ISO 资格认证投资				
现金收入合计				
现金支出合计				
期末现金对账(请填余额)				
结账				

第 七 年

企业经营流程 请按顺序执行下列各项操作。	CEO 控制团队成员具体执行每一项操作，并在团队成员完成每一项操作后，在相应的方格内打钩。COO 监督执行。			
新年度规划会议				
参加订货会/登记销售订单				
制订新年度计划				
支付应付税				
季初现金盘点(请填余额)				
更新短期贷款/还本付息/申请短期贷款(高利贷)				
更新应付款/归还应付款				
原材料入库/更新原料订单				
下原料订单				
更新生产/完工入库				
投资新生产线/变卖生产线/生产线转产				
向其他企业购买原材料/出售原材料				
开始下一批生产				
更新应收款/应收款收现				
出售厂房				
向其他企业购买成品/出售成品				
按订单交货				
产品研发投资				
支付行政管理费				
其他现金收支情况登记				
支付租金/购买厂房				
支付利息/更新长期贷款/申请长期贷款				
支付设备维护费				
计提折旧				(　　)
新市场开拓/ISO 资格认证投资				
现金收入合计				
现金支出合计				
期末现金对账(请填余额)				
结账				

操作记录

企业经营过程记录表

____________公司财务总监（CFO）

起 始 年

企业经营流程 请按顺序执行下列各项操作。	每执行完一项操作，财务总监（助理）在相应方格内画钩或画叉，只在涉及现金收支的方格中填写现金收支的具体数字。			
新年度规划会议				
参加订货会/登记销售订单				
制订新年度计划				
支付应付税				
季初现金盘点（请填余额）				
更新短期贷款/还本付息/申请短期贷款（高利贷）				
更新应付款/归还应付款				
原材料入库/更新原料订单				
下原料订单				
更新生产/完工入库				
投资新生产线/变卖生产线/生产线转产				
向其他企业购买原材料/出售原材料				
开始下一批生产				
更新应收款/应收款收现				
出售厂房				
向其他企业购买成品/出售成品				
按订单交货				
产品研发投资				
支付行政管理费				
其他现金收支情况登记				
支付租金/购买厂房				
支付利息/更新长期贷款/申请长期贷款				
支付设备维护费				
计提折旧				（ ）
新市场开拓/ISO 资格认证投资				
现金收入合计				
现金支出合计				
期末现金对账（请填余额）				
结账				

现金预算表

	1	2	3	4
期初库存现金				
支付上年应缴税				
市场广告投入				
贴现费用				
利息(短期贷款)				
支付到期短期贷款				
原料采购支付现金				
转产费用				
生产线投资				
工人工资				
产品研发投资				
收到现金前的所有支出				
应收款到期				
支付管理费用				
租金				
购买新建筑				
利息(长期贷款)				
支付到期长期贷款				
设备维护费用				
市场开拓投资				
ISO 认证投资				
其他				
库存现金余额				

要点记录

第一季度：________________________________

第二季度：________________________________

第三季度：________________________________

第四季度：________________________________

年底小结：________________________________

____

订单登记表

订单号											合计
市场											
产品											
数量											
账期											
交货期											
销售额											
成本											
毛利											
未售											

产品核算统计表

	Beryl	Crystal	Ruby	Sapphire	合　计
数量					
销售额					
成本					
毛利					

综合管理费用明细表　　单位：百万元

项　　目	金　　额	备　　注
管理费		
广告费		
设备维护费		
租金		
转产费		
市场准入开拓		□区域　□国内　□亚洲　□国际
ISO 资格认证		□ISO 9000　□ISO 14000
产品研发		Crystal(　　)　Ruby(　　)　Sapphire(　　)
其他		
合计		

利　润　表

项　　目	上年数	本年数
销售收入	36	
直接成本	14	
毛利	22	
综合费用	9	
折旧前利润	13	
折旧	5	
支付利息前利润	8	
财务收入/支出	24	
其他收入/支出		
税前利润	6	
所得税	2	
净利润	4	

资产负债表

资　　产	期初数	期末数	负债和所有者权益	期初数	期末数
流动资产：			负债：		
现金	20		长期负债	40	
应收款	18		短期负债		
在制品	8		应付账款		
成品	8		应缴税金	2	
原料	4		一年内到期的长期负债		
流动资产合计	58		负债合计	42	
固定资产：			所有者权益：		
土地和建筑	32		股东资本	45	
机器与设备	10		利润留存	9	
在建工程			年度净利	4	
固定资产合计	42		所有者权益合计	58	
资产总计	100		负债和所有者权益总计	100	

第　一　年

企业经营流程 请按顺序执行下列各项操作。	每执行完一项操作，财务总监（助理）在相应方格内画钩或画叉，只在涉及现金收支的方格中填写现金收支的具体数字。			
新年度规划会议				
参加订货会/登记销售订单				
制订新年度计划				
支付应付税				
季初现金盘点（请填余额）				
更新短期贷款/还本付息/申请短期贷款（高利贷）				
更新应付款/归还应付款				
原材料入库/更新原料订单				
下原料订单				
更新生产/完工入库				
投资新生产线/变卖生产线/生产线转产				
向其他企业购买原材料/出售原材料				
开始下一批生产				
更新应收款/应收款收现				
出售厂房				
向其他企业购买成品/出售成品				
按订单交货				
产品研发投资				
支付行政管理费				
其他现金收支情况登记				
支付租金/购买厂房				
支付利息/更新长期贷款/申请长期贷款				
支付设备维护费				
计提折旧				（　　）
新市场开拓/ISO 资格认证投资				
现金收入合计				
现金支出合计				
期末现金对账（请填余额）				
结账				

现金预算表

	1	2	3	4
期初库存现金				
支付上年应缴税				
市场广告投入				
贴现费用				
利息(短期贷款)				
支付到期短期贷款				
原料采购支付现金				
转产费用				
生产线投资				
工人工资				
产品研发投资				
收到现金前的所有支出				
应收款到期				
支付管理费用				
租金				
购买新建筑				
利息(长期贷款)				
支付到期长期贷款				
设备维护费用				
市场开拓投资				
ISO 认证投资				
其他				
库存现金余额				

要点记录

第一季度：________________

第二季度：________________

第三季度：________________

第四季度：________________

年底小结：________________

____

订单登记表

订单号										合计
市场										
产品										
数量										
账期										
交货期										
销售额										
成本										
毛利										
未售										

产品核算统计表

	Beryl	Crystal	Ruby	Sapphire	合　计
数量					
销售额					
成本					
毛利					

综合管理费用明细表　　单位：百万元

项　　目	金　　额	备　　注
管理费		
广告费		
设备维护费		
租金		
转产费		
市场准入开拓		□区域　□国内　□亚洲　□国际
ISO资格认证		□ISO 9000　□ISO 14000
产品研发		Crystal(　　)　Ruby(　　)　Sapphire(　　)
其他		
合　计		

利　润　表

项　　目	上年数	本年数
销售收入		
直接成本		
毛利		
综合费用		
折旧前利润		
折旧		
支付利息前利润		
财务收入/支出		
其他收入/支出		
税前利润		
所得税		
净利润		

资产负债表

资　　产	期初数	期末数	负债和所有者权益	期初数	期末数
流动资产：			负债：		
现金			长期负债		
应收款			短期负债		
在制品			应付账款		
成品			应缴税金		
原料			一年内到期的长期负债		
流动资产合计			负债合计		
固定资产：			所有者权益：		
土地和建筑			股东资本		
机器与设备			利润留存		
在建工程			年度净利		
固定资产合计			所有者权益合计		
资产总计			负债和所有者权益总计		

第 二 年

企业经营流程 请按顺序执行下列各项操作。	每执行完一项操作，财务总监(助理)在相应方格内画钩或画叉，只在涉及现金收支的方格中填写现金收支的具体数字。			
新年度规划会议				
参加订货会/登记销售订单				
制订新年度计划				
支付应付税				
季初现金盘点(请填余额)				
更新短期贷款/还本付息/申请短期贷款(高利贷)				
更新应付款/归还应付款				
原材料入库/更新原料订单				
下原料订单				
更新生产/完工入库				
投资新生产线/变卖生产线/生产线转产				
向其他企业购买原材料/出售原材料				
开始下一批生产				
更新应收款/应收款收现				
出售厂房				
向其他企业购买成品/出售成品				
按订单交货				
产品研发投资				
支付行政管理费				
其他现金收支情况登记				
支付租金/购买厂房				
支付利息/更新长期贷款/申请长期贷款				
支付设备维护费				
计提折旧				(　　)
新市场开拓/ISO 资格认证投资				
现金收入合计				
现金支出合计				
期末现金对账(请填余额)				
结账				

现金预算表

	1	2	3	4
期初库存现金				
支付上年应缴税				
市场广告投入				
贴现费用				
利息(短期贷款)				
支付到期短期贷款				
原料采购支付现金				
转产费用				
生产线投资				
工人工资				
产品研发投资				
收到现金前的所有支出				
应收款到期				
支付管理费用				
租金				
购买新建筑				
利息(长期贷款)				
支付到期长期贷款				
设备维护费用				
市场开拓投资				
ISO 认证投资				
其他				
库存现金余额				

要点记录

第一季度：________________

第二季度：________________

第三季度：________________

第四季度：________________

年底小结：________________

订单登记表

订单号											合计
市场											
产品											
数量											
账期											
交货期											
销售额											
成本											
毛利											
未售											

产品核算统计表

	Beryl	Crystal	Ruby	Sapphire	合　计
数量					
销售额					
成本					
毛利					

综合管理费用明细表　　单位：百万元

项　　目	金　　额	备　　注
管理费		
广告费		
设备维护费		
租金		
转产费		
市场准入开拓		□区域　□国内　□亚洲　□国际
ISO 资格认证		□ISO 9000　□ISO 14000
产品研发		Crystal(　　)　Ruby(　　)　Sapphire(　　)
其他		
合　计		

利 润 表

项　　目	上年数	本年数
销售收入		
直接成本		
毛利		
综合费用		
折旧前利润		
折旧		
支付利息前利润		
财务收入/支出		
其他收入/支出		
税前利润		
所得税		
净利润		

资产负债表

资　　产	期初数	期末数	负债和所有者权益	期初数	期末数
流动资产：			负债：		
现金			长期负债		
应收款			短期负债		
在制品			应付账款		
成品			应缴税金		
原料			一年内到期的长期负债		
流动资产合计			负债合计		
固定资产：			所有者权益：		
土地和建筑			股东资本		
机器与设备			利润留存		
在建工程			年度净利		
固定资产合计			所有者权益合计		
资产总计			负债和所有者权益总计		

第 三 年

企业经营流程 请按顺序执行下列各项操作。	每执行完一项操作，财务总监（助理）在相应方格内画钩或画叉，只在涉及现金收支的方格中填写现金收支的具体数字。			
新年度规划会议				
参加订货会/登记销售订单				
制订新年度计划				
支付应付税				
季初现金盘点（请填余额）				
更新短期贷款/还本付息/申请短期贷款（高利贷）				
更新应付款/归还应付款				
原材料入库/更新原料订单				
下原料订单				
更新生产/完工入库				
投资新生产线/变卖生产线/生产线转产				
向其他企业购买原材料/出售原材料				
开始下一批生产				
更新应收款/应收款收现				
出售厂房				
向其他企业购买成品/出售成品				
按订单交货				
产品研发投资				
支付行政管理费				
其他现金收支情况登记				
支付租金/购买厂房				
支付利息/更新长期贷款/申请长期贷款				
支付设备维护费				
计提折旧				（ ）
新市场开拓/ISO 资格认证投资				
现金收入合计				
现金支出合计				
期末现金对账（请填余额）				
结账				

现金预算表

	1	2	3	4
期初库存现金				
支付上年应缴税				
市场广告投入				
贴现费用				
利息(短期贷款)				
支付到期短期贷款				
原料采购支付现金				
转产费用				
生产线投资				
工人工资				
产品研发投资				
收到现金前的所有支出				
应收款到期				
支付管理费用				
租金				
购买新建筑				
利息(长期贷款)				
支付到期长期贷款				
设备维护费用				
市场开拓投资				
ISO 认证投资				
其他				
库存现金余额				

要点记录

第一季度：________________

第二季度：________________

第三季度：________________

第四季度：________________

年底小结：________________

____

订单登记表

订单号											合计
市场											
产品											
数量											
账期											
交货期											
销售额											
成本											
毛利											
未售											

产品核算统计表

	Beryl	Crystal	Ruby	Sapphire	合 计
数量					
销售额					
成本					
毛利					

综合管理费用明细表 单位：百万元

项 目	金 额	备 注
管理费		
广告费		
设备维护费		
租金		
转产费		
市场准入开拓		□区域 □国内 □亚洲 □国际
ISO 资格认证		□ISO 9000 □ISO 14000
产品研发		Crystal(　　) Ruby(　　) Sapphire(　　)
其他		
合 计		

利　润　表

项　　目	上年数	本年数
销售收入		
直接成本		
毛利		
综合费用		
折旧前利润		
折旧		
支付利息前利润		
财务收入/支出		
其他收入/支出		
税前利润		
所得税		
净利润		

资产负债表

资　　产	期初数	期末数	负债和所有者权益	期初数	期末数
流动资产：			负债：		
现金			长期负债		
应收款			短期负债		
在制品			应付账款		
成品			应缴税金		
原料			一年内到期的长期负债		
流动资产合计			负债合计		
固定资产：			所有者权益：		
土地和建筑			股东资本		
机器与设备			利润留存		
在建工程			年度净利		
固定资产合计			所有者权益合计		
资产总计			负债和所有者权益总计		

第 四 年

企业经营流程 请按顺序执行下列各项操作。	每执行完一项操作，财务总监（助理）在相应方格内画钩或画叉，只在涉及现金收支的方格中填写现金收支的具体数字。			
新年度规划会议				
参加订货会/登记销售订单				
制订新年度计划				
支付应付税				
季初现金盘点（请填余额）				
更新短期贷款/还本付息/申请短期贷款（高利贷）				
更新应付款/归还应付款				
原材料入库/更新原料订单				
下原料订单				
更新生产/完工入库				
投资新生产线/变卖生产线/生产线转产				
向其他企业购买原材料/出售原材料				
开始下一批生产				
更新应收款/应收款收现				
出售厂房				
向其他企业购买成品/出售成品				
按订单交货				
产品研发投资				
支付行政管理费				
其他现金收支情况登记				
支付租金/购买厂房				
支付利息/更新长期贷款/申请长期贷款				
支付设备维护费				
计提折旧				（ ）
新市场开拓/ISO资格认证投资				
现金收入合计				
现金支出合计				
期末现金对账（请填余额）				
结账				

现金预算表

	1	2	3	4
期初库存现金				
支付上年应缴税				
市场广告投入				
贴现费用				
利息（短期贷款）				
支付到期短期贷款				
原料采购支付现金				
转产费用				
生产线投资				
工人工资				
产品研发投资				
收到现金前的所有支出				
应收款到期				
支付管理费用				
租金				
购买新建筑				
利息（长期贷款）				
支付到期长期贷款				
设备维护费用				
市场开拓投资				
ISO认证投资				
其他				
库存现金余额				

要点记录

第一季度：________________

第二季度：________________

第三季度：________________

第四季度：________________

年底小结：________________

____

订单登记表

订单号											合计
市场											
产品											
数量											
账期											
交货期											
销售额											
成本											
毛利											
未售											

产品核算统计表

	Beryl	Crystal	Ruby	Sapphire	合　计
数量					
销售额					
成本					
毛利					

综合管理费用明细表　　单位：百万元

项　目	金　额	备　注
管理费		
广告费		
设备维护费		
租金		
转产费		
市场准入开拓		□区域　□国内　□亚洲　□国际
ISO 资格认证		□ISO 9000　□ISO 14000
产品研发		Crystal(　　)　Ruby(　　)　Sapphire(　　)
其他		
合　计		

利　润　表

项　　目	上年数	本年数
销售收入		
直接成本		
毛利		
综合费用		
折旧前利润		
折旧		
支付利息前利润		
财务收入/支出		
其他收入/支出		
税前利润		
所得税		
净利润		

资产负债表

资　　产	期初数	期末数	负债和所有者权益	期初数	期末数
流动资产：			负债：		
现金			长期负债		
应收款			短期负债		
在制品			应付账款		
成品			应缴税金		
原料			一年内到期的长期负债		
流动资产合计			负债合计		
固定资产：			所有者权益：		
土地和建筑			股东资本		
机器与设备			利润留存		
在建工程			年度净利		
固定资产合计			所有者权益合计		
资产总计			负债和所有者权益总计		

第　五　年

企业经营流程 请按顺序执行下列各项操作。	每执行完一项操作，财务总监（助理）在相应方格内画钩或画叉，只在涉及现金收支的方格中填写现金收支的具体数字。			
新年度规划会议				
参加订货会/登记销售订单				
制订新年度计划				
支付应付税				
季初现金盘点（请填余额）				
更新短期贷款/还本付息/申请短期贷款（高利贷）				
更新应付款/归还应付款				
原材料入库/更新原料订单				
下原料订单				
更新生产/完工入库				
投资新生产线/变卖生产线/生产线转产				
向其他企业购买原材料/出售原材料				
开始下一批生产				
更新应收款/应收款收现				
出售厂房				
向其他企业购买成品/出售成品				
按订单交货				
产品研发投资				
支付行政管理费				
其他现金收支情况登记				
支付租金/购买厂房				
支付利息/更新长期贷款/申请长期贷款				
支付设备维护费				
计提折旧				(　　)
新市场开拓/ISO 资格认证投资				
现金收入合计				
现金支出合计				
期末现金对账（请填余额）				
结账				

现金预算表

	1	2	3	4
期初库存现金				
支付上年应缴税				
市场广告投入				
贴现费用				
利息(短期贷款)				
支付到期短期贷款				
原料采购支付现金				
转产费用				
生产线投资				
工人工资				
产品研发投资				
收到现金前的所有支出				
应收款到期				
支付管理费用				
租金				
购买新建筑				
利息(长期贷款)				
支付到期长期贷款				
设备维护费用				
市场开拓投资				
ISO 认证投资				
其他				
库存现金余额				

要点记录

第一季度：________________

第二季度：________________

第三季度：________________

第四季度：________________

年底小结：________________

____

订单登记表

订单号											合计
市场											
产品											
数量											
账期											
交货期											
销售额											
成本											
毛利											
未售											

产品核算统计表

	Beryl	Crystal	Ruby	Sapphire	合　计
数量					
销售额					
成本					
毛利					

综合管理费用明细表　　单位：百万元

项　目	金　额	备　注
管理费		
广告费		
设备维护费		
租金		
转产费		
市场准入开拓		□区域　□国内　□亚洲　□国际
ISO 资格认证		□ISO 9000　□ISO 14000
产品研发		Crystal(　　)　Ruby(　　)　Sapphire(　　)
其他		
合　计		

利 润 表

项 目	上年数	本年数
销售收入		
直接成本		
毛利		
综合费用		
折旧前利润		
折旧		
支付利息前利润		
财务收入/支出		
其他收入/支出		
税前利润		
所得税		
净利润		

资产负债表

资 产	期初数	期末数	负债和所有者权益	期初数	期末数
流动资产：			负债：		
现金			长期负债		
应收款			短期负债		
在制品			应付账款		
成品			应缴税金		
原料			一年内到期的长期负债		
流动资产合计			负债合计		
固定资产：			所有者权益：		
土地和建筑			股东资本		
机器与设备			利润留存		
在建工程			年度净利		
固定资产合计			所有者权益合计		
资产总计			负债和所有者权益总计		

第 六 年

企业经营流程 请按顺序执行下列各项操作。	每执行完一项操作，财务总监（助理）在相应方格内画钩或画叉，只在涉及现金收支的方格中填写现金收支的具体数字。			
新年度规划会议				
参加订货会/登记销售订单				
制订新年度计划				
支付应付税				
季初现金盘点（请填余额）				
更新短期贷款/还本付息/申请短期贷款（高利贷）				
更新应付款/归还应付款				
原材料入库/更新原料订单				
下原料订单				
更新生产/完工入库				
投资新生产线/变卖生产线/生产线转产				
向其他企业购买原材料/出售原材料				
开始下一批生产				
更新应收款/应收款收现				
出售厂房				
向其他企业购买成品/出售成品				
按订单交货				
产品研发投资				
支付行政管理费				
其他现金收支情况登记				
支付租金/购买厂房				
支付利息/更新长期贷款/申请长期贷款				
支付设备维护费				
计提折旧				（ ）
新市场开拓/ISO 资格认证投资				
现金收入合计				
现金支出合计				
期末现金对账（请填余额）				
结账				

现金预算表

	1	2	3	4
期初库存现金				
支付上年应缴税				
市场广告投入				
贴现费用				
利息(短期贷款)				
支付到期短期贷款				
原料采购支付现金				
转产费用				
生产线投资				
工人工资				
产品研发投资				
收到现金前的所有支出				
应收款到期				
支付管理费用				
租金				
购买新建筑				
利息(长期贷款)				
支付到期长期贷款				
设备维护费用				
市场开拓投资				
ISO认证投资				
其他				
库存现金余额				

要点记录

第一季度：________________

第二季度：________________

第三季度：________________

第四季度：________________

年底小结：________________

____

订单登记表

订单号											合计
市场											
产品											
数量											
账期											
交货期											
销售额											
成本											
毛利											
未售											

产品核算统计表

	Beryl	Crystal	Ruby	Sapphire	合　计
数量					
销售额					
成本					
毛利					

综合管理费用明细表

单位：百万元

项　　目	金　　额	备　　注
管理费		
广告费		
设备维护费		
租金		
转产费		
市场准入开拓		□区域　□国内　□亚洲　□国际
ISO 资格认证		□ISO 9000　□ISO 14000
产品研发		Crystal(　　)　Ruby(　　)　Sapphire(　　)
其他		
合　计		

利　润　表

项　　目	上年数	本年数
销售收入		
直接成本		
毛利		
综合费用		
折旧前利润		
折旧		
支付利息前利润		
财务收入/支出		
其他收入/支出		
税前利润		
所得税		
净利润		

资产负债表

资　　产	期初数	期末数	负债和所有者权益	期初数	期末数
流动资产：			负债：		
现金			长期负债		
应收款			短期负债		
在制品			应付账款		
成品			应缴税金		
原料			一年内到期的长期负债		
流动资产合计			负债合计		
固定资产：			所有者权益：		
土地和建筑			股东资本		
机器与设备			利润留存		
在建工程			年度净利		
固定资产合计			所有者权益合计		
资产总计			负债和所有者权益总计		

第 七 年

企业经营流程 请按顺序执行下列各项操作。	每执行完一项操作，财务总监（助理）在相应方格内画钩或画叉，只在涉及现金收支的方格中填写现金收支的具体数字。			
新年度规划会议				
参加订货会/登记销售订单				
制订新年度计划				
支付应付税				
季初现金盘点（请填余额）				
更新短期贷款/还本付息/申请短期贷款（高利贷）				
更新应付款/归还应付款				
原材料入库/更新原料订单				
下原料订单				
更新生产/完工入库				
投资新生产线/变卖生产线/生产线转产				
向其他企业购买原材料/出售原材料				
开始下一批生产				
更新应收款/应收款收现				
出售厂房				
向其他企业购买成品/出售成品				
按订单交货				
产品研发投资				
支付行政管理费				
其他现金收支情况登记				
支付租金/购买厂房				
支付利息/更新长期贷款/申请长期贷款				
支付设备维护费				
计提折旧				（　）
新市场开拓/ISO 资格认证投资				
现金收入合计				
现金支出合计				
期末现金对账（请填余额）				
结账				

现金预算表

	1	2	3	4
期初库存现金				
支付上年应缴税				
市场广告投入				
贴现费用				
利息(短期贷款)				
支付到期短期贷款				
原料采购支付现金				
转产费用				
生产线投资				
工人工资				
产品研发投资				
收到现金前的所有支出				
应收款到期				
支付管理费用				
租金				
购买新建筑				
利息(长期贷款)				
支付到期长期贷款				
设备维护费用				
市场开拓投资				
ISO 认证投资				
其他				
库存现金余额				

要点记录

第一季度：________________

第二季度：________________

第三季度：________________

第四季度：________________

年底小结：________________

订单登记表

订单号										合计
市场										
产品										
数量										
账期										
交货期										
销售额										
成本										
毛利										
未售										

产品核算统计表

	Beryl	Crystal	Ruby	Sapphire	合　计
数量					
销售额					
成本					
毛利					

综合管理费用明细表　　单位：百万元

项　　目	金　　额	备　　注
管理费		
广告费		
设备维护费		
租金		
转产费		
市场准入开拓		□区域　□国内　□亚洲　□国际
ISO 资格认证		□ISO 9000　□ISO 14000
产品研发		Crystal(　　)　Ruby(　　)　Sapphire(　　)
其他		
合　计		

利 润 表

项 目	上年数	本年数
销售收入		
直接成本		
毛利		
综合费用		
折旧前利润		
折旧		
支付利息前利润		
财务收入/支出		
其他收入/支出		
税前利润		
所得税		
净利润		

资产负债表

资 产	期初数	期末数	负债和所有者权益	期初数	期末数
流动资产:			负债:		
现金			长期负债		
应收款			短期负债		
在制品			应付账款		
成品			应缴税金		
原料			一年内到期的长期负债		
流动资产合计			负债合计		
固定资产:			所有者权益:		
土地和建筑			股东资本		
机器与设备			利润留存		
在建工程			年度净利		
固定资产合计			所有者权益合计		
资产总计			负债和所有者权益总计		

公司贷款申请表

贷款类		1年				2年				3年				4年				5年				6年			
		1	2	3	4	1	2	3	4	1	2	3	4	1	2	3	4	1	2	3	4	1	2	3	4
短贷	借																								
	还																								
高利贷	借																								
	还																								
短贷余额																									
监督员签字																									
长贷	借																								
	还																								
长贷余额																									
上年权益																									
监督员签字																									

操作记录

企业经营过程记录表

________公司营销总监

起 始 年

企业经营流程 请按顺序执行下列各项操作。	每执行完一项相关操作，营销总监（助理）在方格中填写产成品增减和销售情况。															
新年度规划会议																
参加订货会/登记销售订单																
制订新年度计划																
支付应付税																
	一季度				二季度				三季度				四季度			
产成品库存台账	BE	CR	RU	SA	BE	CR	RU	SA	BE	CR	RU	SA	BE	CR	RU	SA
期初产成品盘点（请填余额）																
更新短期贷款/还本付息/申请短期贷款（高利贷）																
更新应付款/归还应付款																
原材料入库/更新原料订单																
下原料订单																
更新生产/完工入库																
投资新生产线/变卖生产线/生产线转产																
向其他企业购买原材料/出售原材料																
开始下一批生产																
更新应收款/应收款收现																
出售厂房																
向其他企业购买成品/出售成品																
按订单交货																
产品研发投资																
支付行政管理费																
其他现金收支情况登记																
支付租金/购买厂房																
支付利息/更新长期贷款/申请长期贷款																
支付设备维护费																
计提折旧													（　　）			
新市场开拓/ISO 资格认证投资																
产成品入库合计																
产成品出库合计																
期末产成品对账（请填余额）																
结账																

第　一　年

企业经营流程 请按顺序执行下列各项操作。	每执行完一项相关操作，营销总监（助理）在方格中填写产成品增减和销售情况。															
新年度规划会议																
参加订货会/登记销售订单																
制订新年度计划																
支付应付税																
	一季度				二季度				三季度				四季度			
产成品库存台账	BE	CR	RU	SA	BE	CR	RU	SA	BE	CR	RU	SA	BE	CR	RU	SA
期初产成品盘点（请填余额）																
更新短期贷款/还本付息/申请短期贷款（高利贷）																
更新应付款/归还应付款																
原材料入库/更新原料订单																
下原料订单																
更新生产/完工入库																
投资新生产线/变卖生产线/生产线转产																
向其他企业购买原材料/出售原材料																
开始下一批生产																
更新应收款/应收款收现																
出售厂房																
向其他企业购买成品/出售成品																
按订单交货																
产品研发投资																
支付行政管理费																
其他现金收支情况登记																
支付租金/购买厂房																
支付利息/更新长期贷款/申请长期贷款																
支付设备维护费																
计提折旧													（　）			
新市场开拓/ISO 资格认证投资																
产成品入库合计																
产成品出库合计																
期末产成品对账（请填余额）																
结账																

第　二　年

企业经营流程
请按顺序执行下列各项操作。

每执行完一项相关操作，营销总监（助理）在方格中填写产成品增减和销售情况。

操作	一季度				二季度				三季度				四季度			
新年度规划会议																
参加订货会/登记销售订单																
制订新年度计划																
支付应付税																
产成品库存台账	BE	CR	RU	SA	BE	CR	RU	SA	BE	CR	RU	SA	BE	CR	RU	SA
期初产成品盘点（请填余额）																
更新短期贷款/还本付息/申请短期贷款（高利贷）																
更新应付款/归还应付款																
原材料入库/更新原料订单																
下原料订单																
更新生产/完工入库																
投资新生产线/变卖生产线/生产线转产																
向其他企业购买原材料/出售原材料																
开始下一批生产																
更新应收款/应收款收现																
出售厂房																
向其他企业购买成品/出售成品																
按订单交货																
产品研发投资																
支付行政管理费																
其他现金收支情况登记																
支付租金/购买厂房																
支付利息/更新长期贷款/申请长期贷款																
支付设备维护费																
计提折旧													（　）			
新市场开拓/ISO 资格认证投资																
产成品入库合计																
产成品出库合计																
期末产成品对账（请填余额）																
结账																

第 三 年

企业经营流程 请按顺序执行下列各项操作。	每执行完一项相关操作，营销总监（助理）在方格中填写产成品增减和销售情况。															
新年度规划会议																
参加订货会/登记销售订单																
制订新年度计划																
支付应付税																
	一季度				二季度				三季度				四季度			
产成品库存台账	BE	CR	RU	SA	BE	CR	RU	SA	BE	CR	RU	SA	BE	CR	RU	SA
期初产成品盘点（请填余额）																
更新短期贷款/还本付息/申请短期贷款（高利贷）																
更新应付款/归还应付款																
原材料入库/更新原料订单																
下原料订单																
更新生产/完工入库																
投资新生产线/变卖生产线/生产线转产																
向其他企业购买原材料/出售原材料																
开始下一批生产																
更新应收款/应收款收现																
出售厂房																
向其他企业购买成品/出售成品																
按订单交货																
产品研发投资																
支付行政管理费																
其他现金收支情况登记																
支付租金/购买厂房																
支付利息/更新长期贷款/申请长期贷款																
支付设备维护费																
计提折旧													（ ）			
新市场开拓/ISO 资格认证投资																
产成品入库合计																
产成品出库合计																
期末产成品对账（请填余额）																
结账																

第　四　年

企业经营流程 请按顺序执行下列各项操作。	每执行完一项相关操作，营销总监（助理）在方格中填写产成品增减和销售情况。															
新年度规划会议																
参加订货会/登记销售订单																
制订新年度计划																
支付应付税																
	一季度				二季度				三季度				四季度			
产成品库存台账	BE	CR	RU	SA	BE	CR	RU	SA	BE	CR	RU	SA	BE	CR	RU	SA
期初产成品盘点（请填余额）																
更新短期贷款/还本付息/申请短期贷款（高利贷）																
更新应付款/归还应付款																
原材料入库/更新原料订单																
下原料订单																
更新生产/完工入库																
投资新生产线/变卖生产线/生产线转产																
向其他企业购买原材料/出售原材料																
开始下一批生产																
更新应收款/应收款收现																
出售厂房																
向其他企业购买成品/出售成品																
按订单交货																
产品研发投资																
支付行政管理费																
其他现金收支情况登记																
支付租金/购买厂房																
支付利息/更新长期贷款/申请长期贷款																
支付设备维护费																
计提折旧													（　）			
新市场开拓/ISO 资格认证投资																
产成品入库合计																
产成品出库合计																
期末产成品对账（请填余额）																
结账																

第 五 年

企业经营流程 请按顺序执行下列各项操作。	每执行完一项相关操作，营销总监(助理)在方格中填写产成品增减和销售情况。															
新年度规划会议																
参加订货会/登记销售订单																
制订新年度计划																
支付应付税																
	一季度				二季度				三季度				四季度			
产成品库存台账	BE	CR	RU	SA	BE	CR	RU	SA	BE	CR	RU	SA	BE	CR	RU	SA
期初产成品盘点(请填余额)																
更新短期贷款/还本付息/申请短期贷款(高利贷)																
更新应付款/归还应付款																
原材料入库/更新原料订单																
下原料订单																
更新生产/完工入库																
投资新生产线/变卖生产线/生产线转产																
向其他企业购买原材料/出售原材料																
开始下一批生产																
更新应收款/应收款收现																
出售厂房																
向其他企业购买成品/出售成品																
按订单交货																
产品研发投资																
支付行政管理费																
其他现金收支情况登记																
支付租金/购买厂房																
支付利息/更新长期贷款/申请长期贷款																
支付设备维护费																
计提折旧													(　　)			
新市场开拓/ISO资格认证投资																
产成品入库合计																
产成品出库合计																
期末产成品对账(请填余额)																
结账																

第 六 年

企业经营流程 请按顺序执行下列各项操作。	每执行完一项相关操作，营销总监（助理）在方格中填写产成品增减和销售情况。															
新年度规划会议																
参加订货会/登记销售订单																
制订新年度计划																
支付应付税																
	一季度				二季度				三季度				四季度			
产成品库存台账	BE	CR	RU	SA	BE	CR	RU	SA	BE	CR	RU	SA	BE	CR	RU	SA
期初产成品盘点（请填余额）																
更新短期贷款/还本付息/申请短期贷款（高利贷）																
更新应付款/归还应付款																
原材料入库/更新原料订单																
下原料订单																
更新生产/完工入库																
投资新生产线/变卖生产线/生产线转产																
向其他企业购买原材料/出售原材料																
开始下一批生产																
更新应收款/应收款收现																
出售厂房																
向其他企业购买成品/出售成品																
按订单交货																
产品研发投资																
支付行政管理费																
其他现金收支情况登记																
支付租金/购买厂房																
支付利息/更新长期贷款/申请长期贷款																
支付设备维护费																
计提折旧													（　　）			
新市场开拓/ISO 资格认证投资																
产成品入库合计																
产成品出库合计																
期末产成品对账（请填余额）																
结账																

第 七 年

企业经营流程 请按顺序执行下列各项操作。	每执行完一项相关操作，营销总监（助理）在方格中填写产成品增减和销售情况。															
新年度规划会议																
参加订货会/登记销售订单																
制订新年度计划																
支付应付税																
	一季度				二季度				三季度				四季度			
产成品库存台账	BE	CR	RU	SA	BE	CR	RU	SA	BE	CR	RU	SA	BE	CR	RU	SA
期初产成品盘点（请填余额）																
更新短期贷款/还本付息/申请短期贷款（高利贷）																
更新应付款/归还应付款																
原材料入库/更新原料订单																
下原料订单																
更新生产/完工入库																
投资新生产线/变卖生产线/生产线转产																
向其他企业购买原材料/出售原材料																
开始下一批生产																
更新应收款/应收款收现																
出售厂房																
向其他企业购买成品/出售成品																
按订单交货																
产品研发投资																
支付行政管理费																
其他现金收支情况登记																
支付租金/购买厂房																
支付利息/更新长期贷款/申请长期贷款																
支付设备维护费																
计提折旧													（　）			
新市场开拓/ISO资格认证投资																
产成品入库合计																
产成品出库合计																
期末产成品对账（请填余额）																
结账																

广告报价单

第 1 年本地				第 2 年本地				第 3 年本地				第 4 年本地				第 5 年本地				第 6 年本地			
产品	广告	9K	14K	产品	广告	9K	14K	产品	广告	9K	14K	产品	广告	9K	14K	产品	广告	9K	14K	产品	广告	9K	14K
Beryl				Beryl				Beryl				Beryl				Beryl				Beryl			
Crystal				Crystal				Crystal				Crystal				Crystal				Crystal			
Ruby				Ruby				Ruby				Ruby				Ruby				Ruby			
Sapphire				Sapphire				Sapphire				Sapphire				Sapphire				Sapphire			

第 1 年区域				第 2 年区域				第 3 年区域				第 4 年区域				第 5 年区域				第 6 年区域			
产品	广告	9K	14K	产品	广告	9K	14K	产品	广告	9K	14K	产品	广告	9K	14K	产品	广告	9K	14K	产品	广告	9K	14K
Beryl				Beryl				Beryl				Beryl				Beryl				Beryl			
Crystal				Crystal				Crystal				Crystal				Crystal				Crystal			
Ruby				Ruby				Ruby				Ruby				Ruby				Ruby			
Sapphire				Sapphire				Sapphire				Sapphire				Sapphire				Sapphire			

第 1 年国内				第 2 年国内				第 3 年国内				第 4 年国内				第 5 年国内				第 6 年国内			
产品	广告	9K	14K	产品	广告	9K	14K	产品	广告	9K	14K	产品	广告	9K	14K	产品	广告	9K	14K	产品	广告	9K	14K
Beryl				Beryl				Beryl				Beryl				Beryl				Beryl			
Crystal				Crystal				Crystal				Crystal				Crystal				Crystal			
Ruby				Ruby				Ruby				Ruby				Ruby				Ruby			
Sapphire				Sapphire				Sapphire				Sapphire				Sapphire				Sapphire			

第 1 年亚洲				第 2 年亚洲				第 3 年亚洲				第 4 年亚洲				第 5 年亚洲				第 6 年亚洲			
产品	广告	9K	14K	产品	广告	9K	14K	产品	广告	9K	14K	产品	广告	9K	14K	产品	广告	9K	14K	产品	广告	9K	14K
Beryl				Beryl				Beryl				Beryl				Beryl				Beryl			
Crystal				Crystal				Crystal				Crystal				Crystal				Crystal			
Ruby				Ruby				Ruby				Ruby				Ruby				Ruby			
Sapphire				Sapphire				Sapphire				Sapphire				Sapphire				Sapphire			

第 1 年国际				第 2 年国际				第 3 年国际				第 4 年国际				第 5 年国际				第 6 年国际			
产品	广告	9K	14K	产品	广告	9K	14K	产品	广告	9K	14K	产品	广告	9K	14K	产品	广告	9K	14K	产品	广告	9K	14K
Beryl				Beryl				Beryl				Beryl				Beryl				Beryl			
Crystal				Crystal				Crystal				Crystal				Crystal				Crystal			
Ruby				Ruby				Ruby				Ruby				Ruby				Ruby			
Sapphire				Sapphire				Sapphire				Sapphire				Sapphire				Sapphire			

操作记录

企业经营过程记录表

______________公司生产总监/技术总监

起　始　年

企业经营流程
请按顺序执行下列各项操作。

每执行完一项相关操作，生产总监（助理）在方格中填写在制品生产和产品研发投资情况。

企业经营流程	一季度				二季度				三季度				四季度			
新年度规划会议																
参加订货会/登记销售订单																
制订新年度计划																
支付应付税																
在制品台账	BE	CR	RU	SA	BE	CR	RU	SA	BE	CR	RU	SA	BE	CR	RU	SA
期初在制品盘点（请填余额）																
更新短期贷款/还本付息/申请短期贷款（高利贷）																
更新应付款/归还应付款																
原材料入库/更新原料订单																
下原料订单																
更新生产/完工入库																
投资新生产线/变卖生产线/生产线转产																
向其他企业购买原材料/出售原材料																
开始下一批生产																
更新应收款/应收款收现																
出售厂房																
向其他企业购买成品/出售成品																
按订单交货																
产品研发投资																
支付行政管理费																
其他现金收支情况登记																
支付租金/购买厂房																
支付利息/更新长期贷款/申请长期贷款																
支付设备维护费																
计提折旧																
新市场开拓/ISO资格认证投资																
在制品上线合计																
在制品下线合计																
期末在制品对账（请填余额）																
结账																

第 一 年

企业经营流程 请按顺序执行下列各项操作。	每执行完一项相关操作，生产总监（助理）在方格中填写在制品生产和产品研发投资情况。															
新年度规划会议																
参加订货会/登记销售订单																
制订新年度计划																
支付应付税																
	一季度				二季度				三季度				四季度			
在制品台账	BE	CR	RU	SA	BE	CR	RU	SA	BE	CR	RU	SA	BE	CR	RU	SA
期初在制品盘点（请填余额）																
更新短期贷款/还本付息/申请短期贷款（高利贷）																
更新应付款/归还应付款																
原材料入库/更新原料订单																
下原料订单																
更新生产/完工入库																
投资新生产线/变卖生产线/生产线转产																
向其他企业购买原材料/出售原材料																
开始下一批生产																
更新应收款/应收款收现																
出售厂房																
向其他企业购买成品/出售成品																
按订单交货																
产品研发投资																
支付行政管理费																
其他现金收支情况登记																
支付租金/购买厂房																
支付利息/更新长期贷款/申请长期贷款																
支付设备维护费																
计提折旧																
新市场开拓/ISO资格认证投资																
在制品上线合计																
在制品下线合计																
期末在制品对账（请填余额）																
结账																

第二年

企业经营流程 请按顺序执行下列各项操作。	每执行完一项相关操作，生产总监（助理）在方格中填写在制品生产和产品研发投资情况。															
新年度规划会议																
参加订货会/登记销售订单																
制订新年度计划																
支付应付税																
	一季度				二季度				三季度				四季度			
在制品台账	BE	CR	RU	SA	BE	CR	RU	SA	BE	CR	RU	SA	BE	CR	RU	SA
期初在制品盘点（请填余额）																
更新短期贷款/还本付息/申请短期贷款（高利贷）																
更新应付款/归还应付款																
原材料入库/更新原料订单																
下原料订单																
更新生产/完工入库																
投资新生产线/变卖生产线/生产线转产																
向其他企业购买原材料/出售原材料																
开始下一批生产																
更新应收款/应收款收现																
出售厂房																
向其他企业购买成品/出售成品																
按订单交货																
产品研发投资																
支付行政管理费																
其他现金收支情况登记																
支付租金/购买厂房																
支付利息/更新长期贷款/申请长期贷款																
支付设备维护费																
计提折旧																
新市场开拓/ISO资格认证投资																
在制品上线合计																
在制品下线合计																
期末在制品对账（请填余额）																
结账																

第 三 年

企业经营流程 请按顺序执行下列各项操作。	每执行完一项相关操作，生产总监（助理）在方格中填写在制品生产和产品研发投资情况。															
新年度规划会议																
参加订货会/登记销售订单																
制订新年度计划																
支付应付税																
	一季度				二季度				三季度				四季度			
在制品台账	BE	CR	RU	SA	BE	CR	RU	SA	BE	CR	RU	SA	BE	CR	RU	SA
期初在制品盘点（请填余额）																
更新短期贷款/还本付息/申请短期贷款（高利贷）																
更新应付款/归还应付款																
原材料入库/更新原料订单																
下原料订单																
更新生产/完工入库																
投资新生产线/变卖生产线/生产线转产																
向其他企业购买原材料/出售原材料																
开始下一批生产																
更新应收款/应收款收现																
出售厂房																
向其他企业购买成品/出售成品																
按订单交货																
产品研发投资																
支付行政管理费																
其他现金收支情况登记																
支付租金/购买厂房																
支付利息/更新长期贷款/申请长期贷款																
支付设备维护费																
计提折旧																
新市场开拓/ISO 资格认证投资																
在制品上线合计																
在制品下线合计																
期末在制品对账（请填余额）																
结账																

第　四　年

企业经营流程 请按顺序执行下列各项操作。	每执行完一项相关操作，生产总监（助理）在方格中填写在制品生产和产品研发投资情况。															
新年度规划会议																
参加订货会/登记销售订单																
制订新年度计划																
支付应付税																
	一季度				二季度				三季度				四季度			
在制品台账	BE	CR	RU	SA	BE	CR	RU	SA	BE	CR	RU	SA	BE	CR	RU	SA
期初在制品盘点（请填余额）																
更新短期贷款/还本付息/申请短期贷款（高利贷）																
更新应付款/归还应付款																
原材料入库/更新原料订单																
下原料订单																
更新生产/完工入库																
投资新生产线/变卖生产线/生产线转产																
向其他企业购买原材料/出售原材料																
开始下一批生产																
更新应收款/应收款收现																
出售厂房																
向其他企业购买成品/出售成品																
按订单交货																
产品研发投资																
支付行政管理费																
其他现金收支情况登记																
支付租金/购买厂房																
支付利息/更新长期贷款/申请长期贷款																
支付设备维护费																
计提折旧																
新市场开拓/ISO资格认证投资																
在制品上线合计																
在制品下线合计																
期末在制品对账（请填余额）																
结账																

第 五 年

企业经营流程 请按顺序执行下列各项操作。	每执行完一项相关操作，生产总监(助理)在方格中填写在制品生产和产品研发投资情况。															
新年度规划会议																
参加订货会/登记销售订单																
制订新年度计划																
支付应付税																
	一季度				二季度				三季度				四季度			
在制品台账	BE	CR	RU	SA	BE	CR	RU	SA	BE	CR	RU	SA	BE	CR	RU	SA
期初在制品盘点(请填余额)																
更新短期贷款/还本付息/申请短期贷款(高利贷)																
更新应付款/归还应付款																
原材料入库/更新原料订单																
下原料订单																
更新生产/完工入库																
投资新生产线/变卖生产线/生产线转产																
向其他企业购买原材料/出售原材料																
开始下一批生产																
更新应收款/应收款收现																
出售厂房																
向其他企业购买成品/出售成品																
按订单交货																
产品研发投资																
支付行政管理费																
其他现金收支情况登记																
支付租金/购买厂房																
支付利息/更新长期贷款/申请长期贷款																
支付设备维护费																
计提折旧																
新市场开拓/ISO资格认证投资																
在制品上线合计																
在制品下线合计																
期末在制品对账(请填余额)																
结账																

第 六 年

企业经营流程
请按顺序执行下列各项操作。

每执行完一项相关操作，生产总监(助理)在方格中填写在制品生产和产品研发投资情况。

企业经营流程																
新年度规划会议																
参加订货会/登记销售订单																
制订新年度计划																
支付应付税																
	一季度				二季度				三季度				四季度			
在制品台账	BE	CR	RU	SA	BE	CR	RU	SA	BE	CR	RU	SA	BE	CR	RU	SA
期初在制品盘点(请填余额)																
更新短期贷款/还本付息/申请短期贷款(高利贷)																
更新应付款/归还应付款																
原材料入库/更新原料订单																
下原料订单																
更新生产/完工入库																
投资新生产线/变卖生产线/生产线转产																
向其他企业购买原材料/出售原材料																
开始下一批生产																
更新应收款/应收款收现																
出售厂房																
向其他企业购买成品/出售成品																
按订单交货																
产品研发投资																
支付行政管理费																
其他现金收支情况登记																
支付租金/购买厂房																
支付利息/更新长期贷款/申请长期贷款																
支付设备维护费																
计提折旧																
新市场开拓/ISO资格认证投资																
在制品上线合计																
在制品下线合计																
期末在制品对账(请填余额)																
结账																

第 七 年

企业经营流程 请按顺序执行下列各项操作。	每执行完一项相关操作，生产总监（助理）在方格中填写在制品生产和产品研发投资情况。															
新年度规划会议																
参加订货会/登记销售订单																
制订新年度计划																
支付应付税																
	一季度				二季度				三季度				四季度			
在制品台账	BE	CR	RU	SA	BE	CR	RU	SA	BE	CR	RU	SA	BE	CR	RU	SA
期初在制品盘点（请填余额）																
更新短期贷款/还本付息/申请短期贷款（高利贷）																
更新应付款/归还应付款																
原材料入库/更新原料订单																
下原料订单																
更新生产/完工入库																
投资新生产线/变卖生产线/生产线转产																
向其他企业购买原材料/出售原材料																
开始下一批生产																
更新应收款/应收款收现																
出售厂房																
向其他企业购买成品/出售成品																
按订单交货																
产品研发投资																
支付行政管理费																
其他现金收支情况登记																
支付租金/购买厂房																
支付利息/更新长期贷款/申请长期贷款																
支付设备维护费																
计提折旧																
新市场开拓/ISO 资格认证投资																
在制品上线合计																
在制品下线合计																
期末在制品对账（请填余额）																
结账																

生产计划及采购计划编制(1～3 年)

生产线		第 1 年				第 2 年				第 3 年			
		一季度	二季度	三季度	四季度	一季度	二季度	三季度	四季度	一季度	二季度	三季度	四季度
1	产品												
	材料												
2	产品												
	材料												
3	产品												
	材料												
4	产品												
	材料												
5	产品												
	材料												
6	产品												
	材料												
7	产品												
	材料												
8	产品												
	材料												
合计	产品												
	材料												

生产计划及采购计划编制(4～6 年)

生产线		第 4 年				第 5 年				第 6 年			
		一季度	二季度	三季度	四季度	一季度	二季度	三季度	四季度	一季度	二季度	三季度	四季度
1	产品												
	材料												
2	产品												
	材料												
3	产品												
	材料												
4	产品												
	材料												
5	产品												
	材料												
6	产品												
	材料												
7	产品												
	材料												
8	产品												
	材料												
合计	产品												
	材料												

操作记录

企业经营过程记录表

________公司采购总监

起　始　年

企业经营流程 请按顺序执行下列各项操作。	每执行完一项相关操作，采购总监（助理）在方格中填写材料收支情况。															
新年度规划会议																
参加订货会/登记销售订单																
制订新年度计划																
支付应付税																
	一季度				二季度				三季度				四季度			
原材料库存台账	M1	M2	M3	M4	M1	M2	M3	M4	M1	M2	M3	M4	M1	M2	M3	M4
期初原料盘点（请填余额）																
更新短期贷款/还本付息/申请短期贷款（高利贷）																
更新应付款/归还应付款																
原材料入库/更新原料订单																
下原料订单																
更新生产/完工入库																
投资新生产线/变卖生产线/生产线转产																
向其他企业购买原材料/出售原材料																
开始下一批生产																
更新应收款/应收款收现																
出售厂房																
向其他企业购买成品/出售成品																
按订单交货																
产品研发投资																
支付行政管理费																
其他现金收支情况登记																
支付租金/购买厂房																
支付利息/更新长期贷款/申请长期贷款																
支付设备维护费																
计提折旧																
新市场开拓/ISO 资格认证投资																
材料入库合计																
材料出库合计																
期末材料对账（请填余额）																
结账																

第 一 年

企业经营流程 请按顺序执行下列各项操作。	每执行完一项相关操作，采购总监（助理）在方格中填写材料收支情况。															
新年度规划会议																
参加订货会/登记销售订单																
制订新年度计划																
支付应付税																
	一季度				二季度				三季度				四季度			
原材料库存台账	M1	M2	M3	M4	M1	M2	M3	M4	M1	M2	M3	M4	M1	M2	M3	M4
期初原料盘点（请填余额）																
更新短期贷款/还本付息/申请短期贷款（高利贷）																
更新应付款/归还应付款																
原材料入库/更新原料订单																
下原料订单																
更新生产/完工入库																
投资新生产线/变卖生产线/生产线转产																
向其他企业购买原材料/出售原材料																
开始下一批生产																
更新应收款/应收款收现																
出售厂房																
向其他企业购买成品/出售成品																
按订单交货																
产品研发投资																
支付行政管理费																
其他现金收支情况登记																
支付租金/购买厂房																
支付利息/更新长期贷款/申请长期贷款																
支付设备维护费																
计提折旧																
新市场开拓/ISO 资格认证投资																
材料入库合计																
材料出库合计																
期末材料对账（请填余额）																
结账																

第 二 年

企业经营流程 请按顺序执行下列各项操作。	每执行完一项相关操作，采购总监（助理）在方格中填写材料收支情况。															
新年度规划会议																
参加订货会/登记销售订单																
制订新年度计划																
支付应付税																
	一季度				二季度				三季度				四季度			
原材料库存台账	M1	M2	M3	M4	M1	M2	M3	M4	M1	M2	M3	M4	M1	M2	M3	M4
期初原料盘点（请填余额）																
更新短期贷款/还本付息/申请短期贷款（高利贷）																
更新应付款/归还应付款																
原材料入库/更新原料订单																
下原料订单																
更新生产/完工入库																
投资新生产线/变卖生产线/生产线转产																
向其他企业购买原材料/出售原材料																
开始下一批生产																
更新应收款/应收款收现																
出售厂房																
向其他企业购买成品/出售成品																
按订单交货																
产品研发投资																
支付行政管理费																
其他现金收支情况登记																
支付租金/购买厂房																
支付利息/更新长期贷款/申请长期贷款																
支付设备维护费																
计提折旧																
新市场开拓/ISO 资格认证投资																
材料入库合计																
材料出库合计																
期末材料对账（请填余额）																
结账																

第 三 年

企业经营流程
请按顺序执行下列各项操作。

每执行完一项相关操作，采购总监（助理）在方格中填写材料收支情况。

新年度规划会议																
参加订货会/登记销售订单																
制订新年度计划																
支付应付税																
	一季度				二季度				三季度				四季度			
原材料库存台账	M1	M2	M3	M4	M1	M2	M3	M4	M1	M2	M3	M4	M1	M2	M3	M4
期初原料盘点（请填余额）																
更新短期贷款/还本付息/申请短期贷款（高利贷）																
更新应付款/归还应付款																
原材料入库/更新原料订单																
下原料订单																
更新生产/完工入库																
投资新生产线/变卖生产线/生产线转产																
向其他企业购买原材料/出售原材料																
开始下一批生产																
更新应收款/应收款收现																
出售厂房																
向其他企业购买成品/出售成品																
按订单交货																
产品研发投资																
支付行政管理费																
其他现金收支情况登记																
支付租金/购买厂房																
支付利息/更新长期贷款/申请长期贷款																
支付设备维护费																
计提折旧																
新市场开拓/ISO 资格认证投资																
材料入库合计																
材料出库合计																
期末材料对账（请填余额）																
结账																

第 四 年

企业经营流程 请按顺序执行下列各项操作。	每执行完一项相关操作，采购总监（助理）在方格中填写材料收支情况。															
新年度规划会议																
参加订货会/登记销售订单																
制订新年度计划																
支付应付税																
	一季度				二季度				三季度				四季度			
原材料库存台账	M1	M2	M3	M4	M1	M2	M3	M4	M1	M2	M3	M4	M1	M2	M3	M4
期初原料盘点（请填余额）																
更新短期贷款/还本付息/申请短期贷款（高利贷）																
更新应付款/归还应付款																
原材料入库/更新原料订单																
下原料订单																
更新生产/完工入库																
投资新生产线/变卖生产线/生产线转产																
向其他企业购买原材料/出售原材料																
开始下一批生产																
更新应收款/应收款收现																
出售厂房																
向其他企业购买成品/出售成品																
按订单交货																
产品研发投资																
支付行政管理费																
其他现金收支情况登记																
支付租金/购买厂房																
支付利息/更新长期贷款/申请长期贷款																
支付设备维护费																
计提折旧																
新市场开拓/ISO 资格认证投资																
材料入库合计																
材料出库合计																
期末材料对账（请填余额）																
结账																

第 五 年

企业经营流程
请按顺序执行下列各项操作。

每执行完一项相关操作，采购总监（助理）在方格中填写材料收支情况。

企业经营流程																
新年度规划会议																
参加订货会/登记销售订单																
制订新年度计划																
支付应付税																
	一季度				二季度				三季度				四季度			
原材料库存台账	M1	M2	M3	M4	M1	M2	M3	M4	M1	M2	M3	M4	M1	M2	M3	M4
期初原料盘点（请填余额）																
更新短期贷款/还本付息/申请短期贷款（高利贷）																
更新应付款/归还应付款																
原材料入库/更新原料订单																
下原料订单																
更新生产/完工入库																
投资新生产线/变卖生产线/生产线转产																
向其他企业购买原材料/出售原材料																
开始下一批生产																
更新应收款/应收款收现																
出售厂房																
向其他企业购买成品/出售成品																
按订单交货																
产品研发投资																
支付行政管理费																
其他现金收支情况登记																
支付租金/购买厂房																
支付利息/更新长期贷款/申请长期贷款																
支付设备维护费																
计提折旧																
新市场开拓/ISO 资格认证投资																
材料入库合计																
材料出库合计																
期末材料对账（请填余额）																
结账																

第 六 年

企业经营流程 请按顺序执行下列各项操作。	每执行完一项相关操作，采购总监（助理）在方格中填写材料收支情况。															
新年度规划会议																
参加订货会/登记销售订单																
制订新年度计划																
支付应付税																
	一季度				二季度				三季度				四季度			
原材料库存台账	M1	M2	M3	M4	M1	M2	M3	M4	M1	M2	M3	M4	M1	M2	M3	M4
期初原料盘点（请填余额）																
更新短期贷款/还本付息/申请短期贷款（高利贷）																
更新应付款/归还应付款																
原材料入库/更新原料订单																
下原料订单																
更新生产/完工入库																
投资新生产线/变卖生产线/生产线转产																
向其他企业购买原材料/出售原材料																
开始下一批生产																
更新应收款/应收款收现																
出售厂房																
向其他企业购买成品/出售成品																
按订单交货																
产品研发投资																
支付行政管理费																
其他现金收支情况登记																
支付租金/购买厂房																
支付利息/更新长期贷款/申请长期贷款																
支付设备维护费																
计提折旧																
新市场开拓/ISO资格认证投资																
材料入库合计																
材料出库合计																
期末材料对账（请填余额）																
结账																

第 七 年

企业经营流程 请按顺序执行下列各项操作。	每执行完一项相关操作，采购总监（助理）在方格中填写材料收支情况。															
新年度规划会议																
参加订货会/登记销售订单																
制订新年度计划																
支付应付税																
	一季度				二季度				三季度				四季度			
原材料库存台账	M1	M2	M3	M4	M1	M2	M3	M4	M1	M2	M3	M4	M1	M2	M3	M4
期初原料盘点（请填余额）																
更新短期贷款/还本付息/申请短期贷款（高利贷）																
更新应付款/归还应付款																
原材料入库/更新原料订单																
下原料订单																
更新生产/完工入库																
投资新生产线/变卖生产线/生产线转产																
向其他企业购买原材料/出售原材料																
开始下一批生产																
更新应收款/应收款收现																
出售厂房																
向其他企业购买成品/出售成品																
按订单交货																
产品研发投资																
支付行政管理费																
其他现金收支情况登记																
支付租金/购买厂房																
支付利息/更新长期贷款/申请长期贷款																
支付设备维护费																
计提折旧																
新市场开拓/ISO 资格认证投资																
材料入库合计																
材料出库合计																
期末材料对账（请填余额）																
结账																

采购登记表

1 年	1 季				2 季				3 季				4 季			
原材料	M1	M2	M3	M4	M1	M2	M3	M4	M1	M2	M3	M4	M1	M2	M3	M4
订购数量																
采购入库																

2 年	1 季				2 季				3 季				4 季			
原材料	M1	M2	M3	M4	M1	M2	M3	M4	M1	M2	M3	M4	M1	M2	M3	M4
订购数量																
采购入库																

3 年	1 季				2 季				3 季				4 季			
原材料	M1	M2	M3	M4	M1	M2	M3	M4	M1	M2	M3	M4	M1	M2	M3	M4
订购数量																
采购入库																

4 年	1 季				2 季				3 季				4 季			
原材料	M1	M2	M3	M4	M1	M2	M3	M4	M1	M2	M3	M4	M1	M2	M3	M4
订购数量																
采购入库																

5 年	1 季				2 季				3 季				4 季			
原材料	M1	M2	M3	M4	M1	M2	M3	M4	M1	M2	M3	M4	M1	M2	M3	M4
订购数量																
采购入库																

6 年	1 季				2 季				3 季				4 季			
原材料	M1	M2	M3	M4	M1	M2	M3	M4	M1	M2	M3	M4	M1	M2	M3	M4
订购数量																
采购入库																

操作记录

人力资源总监附加用表

______________公司人力资源总监

1. 组织架构设计

（不够可另加附页）

2. 岗位职责界定

（不够可另加附页）

3. 考核方案制订

（不够可另加附页）

4. 记录每个成员的出勤情况

	CEO	COO	财务	营销	生产	采购	人力		
起始年									
第一年									
第二年									
第三年									
第四年									
第五年									
第六年									
第七年									

5. 记录每个成员在企业运行中出错的情况

6. 记录团队成员获裁判组奖励的情况

7. 记录团队成员受裁判组处罚的情况

8. 其他

9. 对团队成员参与度和贡献度提出综合排序的建议

（说明：此排名建议提交 CEO 做最终决定后交指导教师，CEO 本人不参加此排名，其成绩由指导教师直接给出）

第3章

总　结　篇

只有善于思考和总结的人才能获得最大的收获与提高。

成长在于积累。笔记是积累的一种方式，这种方式最笨，也最聪明。它记录了你的发现，你的成长，你的感悟，将它们收集起来，这是你的财富，也是你永久的珍藏。

本篇实训目标

(1) 撰写模拟企业经营分析报告。

(2) 撰写个人实训总结。

(3) 积极参与总结交流。

(4) 找出成败背后的原因。

(5) 思索改进工作的方法。

3.1　开　篇　语

竞赛的过程是热闹的，但真正的收获与提高是在竞赛后的总结和交流。经过3天模拟6年的经营后，及时认真地总结反思是必要的。赢要知道赢在哪，输也要知道输在哪。不知道赢在哪不是真正的赢，只能说是瞎猫碰上了死耗子。赢者也会有失误的地方，输者也会有精彩的地方，只有能挖掘出成败背后的原因的才是真正的赢家。如果受训者能在模拟操作的基础上进行深刻的反思与总结，不仅知道赢在哪还知道为什么会赢，不仅知道输在哪还知道为什么会输，这样不管是赢家还是输家都是赢家——真正的赢家，学到了知识，获得了提升。

竞赛从来都不是目的，通过竞赛使大家都进行最大的发挥，得到最大的锻炼，这才是最有价值的。从这个角度来说，只要你尽了最大的努力，不管你赢了还是输了，你都是赢家。3天的竞赛带给我们的是启迪，是思考，是发现自己。只有实践才能真正检验我们学到了什么，才能真正跨越自己。

3天的学习和竞赛，你肯定有很多感想，知识和技能也装了一箩筐，虽然可能仅仅是知识点。你可能会有些许遗憾，因为你总是匆忙行动而顾不及运用你刚学到的知识，或是想当然地认为应该怎么做而忽略了本竞赛的市场规则和企业运行规则，致使运营出错或是竞赛失利。你可能会有一个小小的愿望：假如我们可以重新再来……

那么，就开动你的脑筋，拿起你的笔进行反思和总结吧！

3.2 受训者日常记录

成长在于积累。笔记是积累的一种方式，这种方式最笨，也最聪明。它记录了你的发现，你的成长，你的感悟，将它们收集起来，这是你的财富，也是你永久的珍藏。

（不够可另加附页）

3.3 对经营规划的再思考

企业经营的本质是赢利，那么我们不妨从“如何赢利”入手，逐级展开以下 6 个问题的探讨。

(1) 利润不足是成本过高还是销售不足?

(2) 如果是成本太高，找出控制成本的有效方法。

(3) 如果是销售不足，分析是什么原因造成的。

(4) 如果企业所处行业已经没有利润空间，考虑尽早进行行业调整。

(5) 如果通过市场分析，感觉企业的细分市场不够大，要么加大市场投入，要么需要重新定位。

(6) 如果既不是行业的问题，也不是市场的问题，那么问题应该是出在管理上，就需要细化管理，内部改进。

3.4 改进工作的思路

1. 扩大销售

(1) 提高产品和服务的质量,增加客户满意度。
(2) 提高附加服务。
(3) 市场渗透。
(4) 开拓新市场。
(5) 研发新产品、新技术。
(6) 加强企业品牌宣传,改善公司及产品的形象。
(7) 集中资源重点投放。
(8) 并行工程。
(9) 扩建或改造生产设备,提高产能。
(10) 提高设备利用率。
(11) ……

2. 降低成本

(1) 消除生产过程中的一切浪费。
(2) 考虑替代料。
(3) 考虑委外、外包。
(4) 节约资源。
(5) 寻求合作。
(6) 规模化、标准化。
(7) ……

3.5 受训者总结

1. 受训者总结提纲

（1）简要描述所在企业的经营状况。

（2）分析所在企业成败的关键点及其原因。

（3）总结所担任角色的得与失。

（4）对所在企业下一步发展的意见和建议。

3.6　经营竞赛交流

学习别人的长处，弥补自己的短处。6 组派代表进行经营总结交流，不一定都是 CEO，也可以是财务总监、营销总监、生产总监等不同角色。同时允许个别发言，作为补充。

3.7 指导教师的点评与分析

记录：

3.8 参加大赛人员心得分享

学到精彩，体会残酷

盛明辉

ERP 沙盘大赛是通过直观的企业经营沙盘来模拟企业运行状况，让队员在分析市场、制订战略、组织生产、整体营销和财务管理等一系列活动中体会企业经营运作的全过程，认识到企业资源的有限性，从而深刻理解 ERP 的管理思想，领悟科学的管理规律，提升管理能力。同时，真切地体会市场竞争的精彩与残酷，提前感受未来的财富人生，在以后的竞争中比别人多一个筹码，多一份从容和自信。

(1) 这个世界唯一不变的就是变化。

曾经有许许多多的 ERP 沙盘初学者都在苦苦思索一个问题：究竟有没有一种战略可以确保我们常胜不败呢？然而，经过无数次的实践证明，答案是否定的！没有哪一种战略可以保证我们在任何时间、任何地点战胜任何对手。ERP 沙盘战略的关键在于创新和求变，这与现实生活是一脉相承的。就战略本身而言，没有好坏与强弱之分(参阅 2.4.3 小节)。今天，我们用此战略获得了胜利，然而，下次比赛面对不同的竞争对手，不同的市场环境时，它就很有可能不再奏效。因此，我们在面临比赛，制订战略时，一定要随对手和环境的变化而变化。战略，适合的才是最好的。

(2) 小公司的战略就两个词：活下来，挣钱。

先求生存，再求发展，这是所有企业必须遵从的规律。企业开始运营阶段虽然有一定的权益，但并不是很高，生存能力也不是不强。因此，企业在制订发展战略时，一定要与企业的实际相结合，控制适当的发展速度。否则，大举投入，全面开花，就会使不高的权益急剧下降，财务状况严重恶化，导致企业陷入极度的困境，甚至破产。这就是关于企业发展的“度”的问题(参阅 2.4.2 小节)。

企业战略的核心和重点在于保证企业发展过程中人、财、物的平衡与统一。具体而言，我们在制订战略时，既要反对裹足不前，又要反对盲目冒进，一定要考虑企业的权益和现金流状况。

(3) 小企业要有大胸怀。

ERP 沙盘比赛有 6 个团队参加。在比赛经营的过程中，切不可闭门造车，偏安一隅，要有竞争的意识。我们在做好自己的同时，还要密切关注对手的动态和信息，树立全局一盘棋的思想。信息，在当今的社会中，扮演着越来越重要的角色，只有知己知彼，才能百战不殆。在比赛的过程中，要注意广泛收集对手的信息，从全局的角度考虑公司的发展，真正实现信息为我所有。

(4) 团队合作的基础是真诚和信任。

ERP 团队合作也符合“木桶理论”，其最终成绩的取得不是取决于团队的最强者，而是取决于团队中的实力稍弱者。因此，团队组建时一定要选择最合适的人放在最合适的岗位上，将团队的效应发挥到极致。团队成员之间要彼此信任，相互理解，每个成员都要承担相应的责任，不仅要为自己的错误承担责任，也要做好准备为同伴的失误埋单。领导力在顺境的时候，每个人都能出来；只有在逆境时才是真正考验领导力的时候。作为团队的领导者，CEO 必须具备良好的心理素质和协调能力。每个成员心怀宽容的心态全力以赴，才能真正组成一个和谐的、有战斗力的团队。

商场如战场，但商场不是战场。战场上只有你死才能我活，而商场上是你活着，我可以活得更强。

ERP 沙盘赛场就像是无烟的战场，但是，我们必须认识到，赛场绝不是生死的战场。在商业实战中，打败对手从来都不是一种战略。在竞赛过程中，团队之间的关系不是你死我活，特别体现在组间交易上，许多企业选择了同归于尽，而不是互惠互利。竞争是比赛过程中的一场游戏，更是一种艺术，首先要向竞争者学习，只有向竞争者学习的人才会进步。

我们一定要怀着一种正确的心态来对待比赛。用一种竞赛的心态参与这种游戏的过程，用一种游戏的心态来看待竞争的结果。竞赛从来都不是目的，在竞赛中获益和成长，这才是精髓所在。

（盛明辉是获得 2008 年用友杯全国沙盘大赛辽宁省赛区一等奖团队的 CEO，题目为编者所加）

3.9 2009 年全国沙盘大赛总决赛（高职组）冠军案例

第一年长期贷款为零，短期贷款每季度贷 20M；年初购买大厂房，上 3 条柔性线；产品研发 P2、P3，第一年末 P2 研发完毕，P3 研发 4 期；市场开拓，开发 5 个市场：本地、区域、国内、亚洲、国际；ISO 9000 认证第一期。

第二年年初长期贷款 50M，短期贷款每季度 20M 滚动；第一季度在大厂房上手工线 2 条，第二季度上全自动线 1 条，生产 P2 产品；产品研发将剩下的 2 期 P3 研发完毕；市场开拓继续开发国内、亚洲、国际市场；将 ISO 9000 认证完毕。

第三年年初长期贷款 30M，短期贷款每季度 20M 滚动；租小厂房，上手工线 2 条；市场开拓继续开发亚洲和国际市场，认证 ISO 14000 第一期。

第四年年初长期贷款 40M，短期贷款每季度 20M 滚动；继续租小厂房，在小厂房内新上 1 条全自动线，生产 P3 产品；第二季开始研发 P4 产品，第四年研发 3 期；市场开拓继续开发国际市场；认证 ISO 14000 第二期。

第五年年初长期借款 30M，短期贷款每季度 20M 滚动；在继续租用的小厂房内新上手工线一条；继续研发 P4 产品 3 期。

第六年年初长期借款 50M，短期借款每季度 20M 滚动；第一季度购买小厂房，第四季度时将第一年建的 3 条柔性线和第二年建的 2 条手工线出售。其战略规划表见表 3-1～表 3-3。

表 3-1 企业战略规划表

项目 \ 年份	第一年				第二年			
	一季度	二季度	三季度	四季度	一季度	二季度	三季度	四季度
广告费	0				17M			
财务费用	0				4M			
长期贷款	0				50M(5 年)			
短期贷款	20M	20M	20M	20M	20M	20M	20M	20M

续表

年份 项目	第一年				第二年			
	一季度	二季度	三季度	四季度	一季度	二季度	三季度	四季度
厂房	40(大)							
生产线	3＊5M (柔)	3＊5M	3＊5M	3＊5M	2＊5M (手工)	1＊5M (自P2)	1＊5M	1＊5M
产品开发	P2 P3	P2 P3	P2 P3	P2 P3	P3	P3		
市场开发	本地 区域 国内 亚洲 国际				国内 亚洲 国际			
ISO认证	ISO 9000(第一期)				ISO 9000(第二期)			
权益	46M				54M			

表3-2 企业战略规划表(续一)

年份 项目	第三年				第四年			
	一季度	二季度	三季度	四季度	一季度	二季度	三季度	四季度
广告费	23M				27M			
财务费用	9M				12M			
长期贷款	30M(5年)				40M(5年)			
短期贷款	20 M	20M	20M	20M	20M	20M	20M	20M
厂房	3(租小)				3(租小)			
生产线	2＊5M (手工)					1＊5M (自P3)	1＊5M	1＊5M
产品开发						P4	P4	P4
市场开发	亚洲 国际				国际			
ISO认证	ISO 14000(第一期)				ISO 14000(第二期)			
权益	67M				74M			

表3-3 企业战略规划表(续二)

年份 项目	第五年				第六年			
	一季度	二季度	三季度	四季度	一季度	二季度	三季度	四季度
广告费	31M				48M			
财务费用	15M				19M			
长期贷款	30M(5年)				50M(5年)			
短期贷款	20M	20M	20M	20M	20M	20M	20M	20M
厂房	3(租小)				30M(买)			
生产线		1＊5M (手)						出售第一年3条柔性线和第二年建成的2条手工线
产品开发	P4	P4	P4					
市场开发								
ISO认证								
预估权益	102M				166M			

(本案例由辽宁工程技术大学技术与经济学院陈越、许可老师提供。)

3.10 阅读文章

波导，手机黑马何去何从[①]

凭着李玟妩媚的眼神和"手机中的战斗机"，波导迅速完成了品牌的原始积累。然而，高处不胜寒，此时的波导正面临着"外忧"与"内患"的双面夹击。

近日，波导发布其 2006 年财报，去年手机销量为 1375 万台，其中出口 571 万台，内销 804 万台。国内市场占有率约为 8%，与 2003 年约 15%的占有率折了几乎一半。销售额高达 67 亿元，净利润却仅为 3 058 万元，每卖一台手机，净利润仅有 2 元左右。

其实，2005 年波导即出现了上市以来的首次亏损，净亏损高达 4.7 亿元，净利润同比下降 327%，每股亏损 1.23 元；与 2003 年高峰时约 3.8 亿元的利润相比简直是天壤之别。是什么原因导致波导的冰火两重天？其中又有哪些偶然与必然？

1. 波导的崛起

波导最早是从寻呼机起家的。但手机的兴起却使寻呼机产业成为一个快速萎缩的行业，波导面临着残酷的生存问题。因此，在 1999 年国产手机匆匆上马的潮流中，波导选择了"跟风"。

通过与萨基姆的合作，波导完成了从寻呼机制造商向 GSM 手机制造商的战略转型。概括起来，波导成功转型和迅速崛起的六大法宝为：技术借力、侧翼攻击、自主通路、规模经济、差异化传播和价格战。

(1) 借助外力，做自己做不了的。

做手机，波导没有先进的技术，也不可能从最基础做起。于是，它选择与为法国幻影战斗机提供射频通信技术的萨基姆公司进行合作。正是当时的借力之举，成就了今天的波导。

(2) 避实击虚，从低端切入市场。

在产品与目标消费群定位上，波导避开洋品牌重兵布阵的一、二线城市和中高端市场，走三、四级市场路线，切入竞争的"最薄弱环节"，用中低价机迅速在手机市场的底端获得突破。

(3) 自建渠道，想打哪就打哪。

为配合专攻中小城市、内地城市及小城镇的策略，波导耗资近 4 亿元自建"中华手机第一网"。鼎盛时，波导共有 41 家分公司，410 多个办事处和 5000 多人的销售队伍。

(4) 接连破关，规模经营显成效。

业内普遍认为，100 万台是生死线，300 万台是发展关。波导起步当年就逼近 100 万台；2001 年直冲 300 万台。不断扩大的规模缓解了由于毛利率下降带来的业绩压力。

(5) 与众不同，促成突围成功。

在传播方面，从自身技术特点出发，全力打造"战斗机"的手机品牌形象。这种在当时看来有点另类、过于尖利火爆的非常规打法，却让波导从众多品牌中脱颖而出。

---

① 刘平. 波导，手机黑马何去何从. 经理人，2007(6).

(6) 该割肉时,动作又快又狠。

目前手机品牌很多,稍不留神产品就积压了。手机的价格一旦跌下去,就没有再涨上去的。所以,当同类产品开始放水时,波导总是动作更快更狠,该甩货时决不吝惜。

2. 波导的困境

在经历了多年的高速增长后,2004 年成了国产手机的寒冬。面对产业环境的变化,国际化的冲动、多元化的盲动、自主渠道的羁绊使波导陷入困境。

2003 年,爆炸式增长使国产手机的市场份额一度冲破 60%。于是,被胜利冲昏了头脑的国产手机厂商高估了 2004 年的市场前景,纷纷提高预期产量。然而,事实却出乎了他们的意料。

(1) 如何应对产业环境的变化?

国产手机曾经依靠发达的销售网络、对本土文化的了解与低成本优势,在 2001—2003 年收复了被国外厂商占领的大半失地。但是步入 2004 年,先是关键原材料短缺,后是银根紧缩,更重要的是看透了国产手机进攻套路的国外厂商拉开了“以其人之道,还治其人之身”的反攻序幕。

先是渠道下沉,在继续保留全国总代理的同时,在三、四级城市建立自己的销售渠道,加强对国美等全国连锁卖场的直供,弥补渠道的短板。然后是凭借强大的品牌号召力,推出中低价机型。之前国产手机反攻成功有一个重要的原因,即性价比高。“高端赚利润,低端赚市场”成了国外厂商的重要策略。

易美关门,熊猫、中科健出局,南方高科崩盘接踵而至。由于销售不畅,波导的现金流十分紧张。2004 年半年财报显示现金流为−2 亿元,到 9 月为−5 亿元。

一面是残酷厮杀,另一面却是虎视眈眈。面对这种情况,国家发改委发出手机行业投资预警,称我国手机生产厂家的产能已近 3 亿台;若再进入一批新厂家,产能将达 5 亿台,约占全球需求量的 80%,过剩严重。

产能过剩和产业环境剧变使得国际化和多元化成了国产手机厂商自救的“必然出路”。然而,事实的结果却不容乐观。

(2) 真到了必须走出去的时候吗?

在国际品牌步步紧逼的情况下,国产手机一面节节后退,一面自然想到了海外市场。在地市级城市感受到强大压力后,波导提出了“扎根县城,抢滩乡镇”的口号;然而,随着国际品牌向农村市场的全面推进,国产手机已经退无可退。这说明我们还缺乏真正的核心竞争力。这时去开拓海外市场自然也是不容乐观的。据了解,波导 2006 年的出口计划是 800 万台,而实际仅完成了 571 万台。

在国内打不赢,到国外就能打赢吗?逃避不是办法,狭路相逢勇者胜,集中精力在国内打赢才是正途,像海尔一样,在国内取得真正优势后才能挟威风与实力有效挺进海外市场。如果是因为国内市场的压力去做海外市场,当做挽救业绩的救命稻草来做是非常危险的,是典型的“丢西瓜,拣芝麻”的做法,要知道国内市场才是根。

(3) 多元化是明智之举,还是盲动?

前期成功的狂热和行业竞争的激化促使许多厂商转战多元化之路,夏新、南方高科、侨兴先后宣布实施多元化战略。一面是围城内企业想到围城外淘金，另一面却是众多围城外厂家想进围城内掘宝。那么，究竟孰是，孰非？

2004 年，波导科技宣告退出汽车业，令轰轰烈烈的手机企业多元化浪潮受挫。手机行业产能过剩并不应该成为促使每个企业多元化的必然因素。如果是去开发一片新的"蓝海"倒值得期许。如果是跳进一个新的产能过剩的"红海"，铩羽而归似在必然，因为同样的资源在一个已经熟悉且有一定基础的行业都无把握最终取胜，那么兵分两路、分出相当一部分资源跳进一个既没有丝毫根基、也毫无优势的行业，其前景也就可想而知了，而且剩下的资源也更难保证在原有行业中取胜了。

如果要进行这种多元化，有以下几个必备的条件：①在原行业已经真正站稳了脚跟，胜券在握；②在原行业已经遭遇发展的天花板；③在原行业继续投入已经变得不经济；④有足够的剩余资源(人、财、物、技术等)去开拓新行业。

要么，就是在原行业已经无法站稳脚跟，要想获胜已经无望，不得不进行产业转移。再者，就是这个行业已经处于萎缩阶段，都要另谋他途。

波导的多元化既不是前者，也不是后者，更不是第三者。波导连续几年的第一其实很脆弱。只是大，还不强，也不稳，还没有形成真正的核心竞争力，很容易被击溃。然而，波导肯定也不是无望取胜的残兵败将。再者，就整个行业而言，手机行业这块大饼随着国家政策的放开正吸引越来越多投资者加入，如长虹、中兴、华为等。因此，在这敏感而关键的时刻，重点应放在强化根基，集中精力继续做大做强，而不是分散精力搞多元化。

(4) 成就波导的渠道真的有竞争优势吗？

1999 年，国产手机刚刚破茧，无论是知名度还是资本实力都微不足道，难以吸引中邮普泰等国内大型手机代理公司的关注。被逼无奈，国产手机纷纷走上了自建渠道的销售模式，波导也不例外。在早期，这种逼出来的营销模式反而契合了波导手机中低端的产品定位并迅速开启了市场。

但这种自建营销渠道、依靠"人海战术"打市场的模式很难回避高成本的问题。在手机高利润的情况下还能维持。但是随着手机利润直线下降，维持成本陡然增大，销售摊子铺得过大，人浮于事、铺张浪费的情况十分普遍。此外，庞大的售后服务队伍和费用更令波导头疼。曾经让波导引以为自豪的渠道已经成为发展的绊脚石。

3. 波导的出路——固本革新、双翼翱翔

摆脱困境的出路有很多条，关键的有以下 3 条。

(1) 继续扩大规模，降低成本，强化本土市场的竞争力，集中精力赢得低端市场的竞争，这是核心基础。虽然整个行业产能严重过剩，但有成本优势的企业一定可以存活下来；而扩大产能、形成规模效益是降低成本的有效途径，行业内兼并值得重点考虑。

(2) 变革渠道、提升效率、减少支出、形成竞争优势是关键；或者是在渠道精简消肿的同时，增加有竞争力的"弹药"，让钝化的渠道重新焕发生机活力；或者是将销售体系剥离出来，变成一个中立性质的国包公司，经营所有的手机品牌，发挥渠道价值。

(3) 用开拓海外市场和多元化的雄心壮志向不同经营模式的手机高端市场挺进。这是可以借力，至少是部分借力的聪明之举。当然，要避免用自己熟悉的低端策略和手段来做高端市场；而要用真正适合高端市场的方法来做高端市场。

附录A

2009年全国大学生创业大赛竞赛平台的商业环境介绍

你与你的团队即将经营一家新创立的公司，在公司经营之初，你们将拥有一笔来自于股东的300万元创业资金，用以组建各自的虚拟公司，虚拟公司将经历若干个经营周期，每个经营周期包含了若干被分解的决策任务，这些任务涉及信息研究、研发、投资、生产、采购、营销等企业经营的各个环节。

每个团队都需要仔细分析讨论每一步决策任务，并形成最后一致的决策意见输入系统。希望你的公司在经历完若干个季度后，成为本行业的佼佼者。

1. 所处的市场环境

公司将有7个市场区域可供选择，分别是：华东市场、东北市场、华北市场、西北市场、西南市场、华中市场、华南市场。

所有公司目前均具备相同的资源及新产品研发能力。每个公司产品都由在这些区域设立的销售网点开展行销。

公司针对的目标消费群体被限定于3类，分别是：青少年群体、中老年群体、商务人士群体。在竞争初期，所有公司都具备针对青少年群体的产品生产技术。另外两类消费群体的产品需要先投入费用和时间完成产品研发后才能进行设计生产并开展市场推广销售。

总体来说，3类消费群体对产品价格的敏感程度和需求有很大的不同(图A-1)，所以你的公司需要对每一类消费群体，依其不同的需求而采用不同的产品设计策略。

(1) 青少年客户群体：①追求时尚，个性张扬，喜欢新鲜事物；②对产品的需求相对简单，更关注产品给个性带来的潮流感和满足感。

(2) 中老年客户群体：①对产品价格比较敏感，价格是重要的参考要素之一，但是并不是绝对因素；②更偏向经济实用且易于使用和维护的产品。

(3) 商务人士客户群体：①很愿意为高端产品支付高价格；②追求高性能的产品以满足商务需要。

2. 各类群体消费习惯及关注点

以下是不同消费群体所关注的产品特性，数值越大的项目说明消费者越关注，数值越小的项目说明消费者关注的程度较低，但不表示不关注。每个公司都应该尽量设计出更符合消费者需求的产品，使产品适销对路。良好的产品设计与定位对提升产品的销量将有很大的帮助作用，反之则可能使产品滞销。

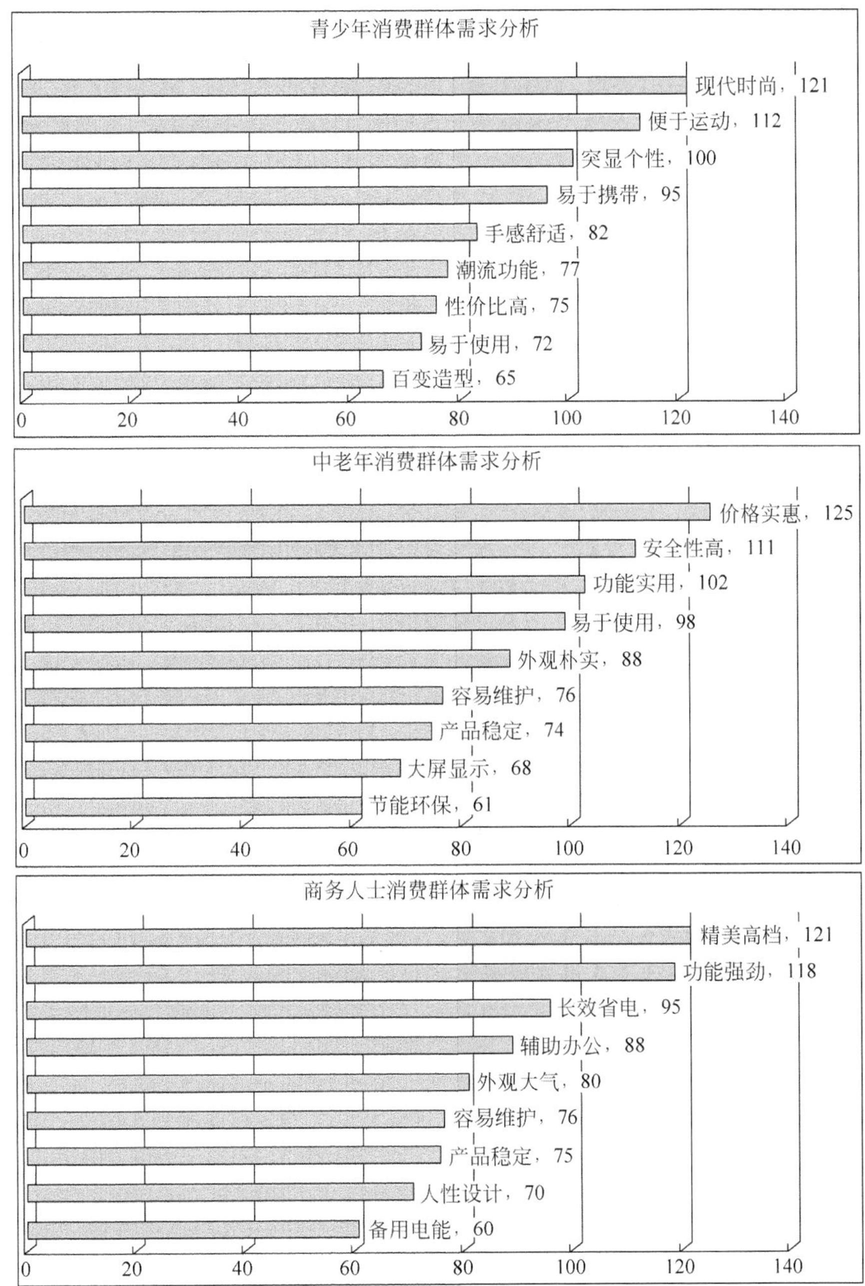

图 A-1　消费群体需求分析

3. 顾客愿意支付的平均价格

经过专业市场调研机构的初步调查，我们了解到不同消费者对产品的价格接受范围是有差异的，表 A-1 展示了不同地区不同消费者对产品愿意支付的参考价格，该价格是根据一定调查样本基础上做出的估计值，在估计上会偏乐观，未必完全准确，实际参考价格以销售当期为准。

表 A-1 消费群体对产品的接受价格表 单位：元/箱

市场区域	消费群体	参考价格
华东市场	青少年	620.00
华东市场	中老年	810.00
华东市场	商务人士	1 045.00
东北市场	青少年	555.00
东北市场	中老年	735.00
东北市场	商务人士	975.00
华北市场	青少年	570.00
华北市场	中老年	775.00
华北市场	商务人士	1 005.00
西北市场	青少年	555.00
西北市场	中老年	735.00
西北市场	商务人士	975.00
西南市场	青少年	555.00
西南市场	中老年	735.00
西南市场	商务人士	975.00
华中市场	青少年	570.00
华中市场	中老年	775.00
华中市场	商务人士	1 005.00
华南市场	青少年	605.00
华南市场	中老年	795.00
华南市场	商务人士	1 030.00

以上背景资料仅供参考，如有变化，以参赛报到时下发的竞赛规则和背景资料为准。

附录B

2009年全国大学生创业大赛竞赛平台的数据规则介绍

1. 背景概述

你的小组将接受投资股东的委托，经营一家初创企业，并进入竞争激烈的市场。小组成员分别担任总经理、财务总监、营销总监、生产总监、产品总监等角色组成新公司的管理层，完成若干个季度的模拟企业经营。

每季度经营都有若干企业经营决策任务，这些任务涉及信息研究、产品研发、产品设计、渠道开发、市场营销、生产制造、配送交货等各个环节，各公司需要对每项任务进行分析讨论，最终形成公司的经营决策，并输入到电脑模拟系统中。

正式开始前，每个小组拥有相同的起点：一笔300万元的现金投资。

2. 基本规则

在运营过程中，应收及应付账款、到期的银行贷款、各项管理费用、设备折旧费等均在每季度末由系统自动结算。其规则见表B-1。

表B-1　基本规则表

项　　目	数　　值	说　　明
所得税率	25.00%	每季度初扣除上季度应交所得税
基本行政管理费用/(元/季)	100 000.00	每季度固定，在期末自动扣除
未交货订单处罚比例	30.00%	订单要求当季交货，未交货的按30%罚款，并取消订单
产品设计费用/元	100 000.00	未完成设计的产品将不允许在市场上销售
短期贷款单期最大额度/元	1 500 000.00	累计贷款不能超过上期末所有者权益
短期贷款利率	10.00%	短期贷款可随时向银行申请，利息在申请成功后一次性支付
紧急贷款利率	30.00%	在资金链断裂时，由系统自动产生，利息一次性支付
1季度账期应收账款贴现率	4.00%	可随时在财务部办理贴现
2季度账期应收账款贴现率	6.00%	可随时在财务部办理贴现

3. 产品研发

每个季度均有一次研发投入的机会，未完成研发的产品将不允许在市场上销售。其研发目标见表B-2。

表 B-2　研发目标表

目标群体	每期投入成本/元	目标总周期/季度	目标总成本/元
青少年	0.00	无须开发	0.00
中老年	100 000.00	2	200 000.00
商务人士	100 000.00	3	300 000.00

4. 资格认证

部分市场对企业的资质有准入要求(表 B-3),不能达到要求的企业将无法进入这类市场。具体认证要求的时间详见系统发布的商业新闻。

表 B-3　资格认证表

认　证	每期投入成本/元	目标总周期/季度	目标总成本/元
ISO 9000	200 000.00	2	400 000.00
ISO 14000	200 000.00	3	600 000.00

5. 市场开发

对于未完成开发的市场区域,将不能参加该类区域在稍后进行的定价活动,不能设立下级销售网点。市场开发见表 B-4。

表 B-4　市场开发表

市场区域	每期投入/元	开发总周期/季度	开发总成本/元
华东市场	100 000.00	1	100 000.00
东北市场	100 000.00	2	200 000.00
华北市场	100 000.00	2	200 000.00
西北市场	100 000.00	3	300 000.00
西南市场	100 000.00	3	300 000.00
华中市场	100 000.00	1	100 000.00
华南市场	100 000.00	1	100 000.00

6. 销售网点建设

(1) 某些市场区域需要一定的开发周期,开发周期完成后方可设立销售网点(表 B-5)。

(2) 销售网点的多少将影响特定产品在特定市场区域最终定购量的获取;销售网点不需要时可撤销,撤销当季需要支付网点的人力成本。

表 B-5　销售网点建议表

市场区域	目标群体	每个网点设立费用/元	每个网点人力成本/(元/季度)	每个网点销售能力/(箱/季度)
华东市场	青少年	4 000.00	4 000.00	100
华东市场	中老年	4 000.00	4 000.00	100
华东市场	商务人士	4 000.00	4 000.00	100
东北市场	青少年	2 000.00	2 000.00	100
东北市场	中老年	2 000.00	2 000.00	100
东北市场	商务人士	2 000.00	2 000.00	100
华北市场	青少年	3 000.00	3 000.00	100
华北市场	中老年	3 000.00	3 000.00	100
华北市场	商务人士	3 000.00	3 000.00	100
西北市场	青少年	2 000.00	2 000.00	100
西北市场	中老年	2 000.00	2 000.00	100
西北市场	商务人士	2 000.00	2 000.00	100
西南市场	青少年	2 000.00	2 000.00	100
西南市场	中老年	2 000.00	2 000.00	100
西南市场	商务人士	2 000.00	2 000.00	100
华中市场	青少年	3 000.00	3 000.00	100
华中市场	中老年	3 000.00	3 000.00	100
华中市场	商务人士	3 000.00	3 000.00	100
华南市场	青少年	4 000.00	4 000.00	100
华南市场	中老年	4 000.00	4 000.00	100
华南市场	商务人士	4 000.00	4 000.00	100

7. 原料采购

每一箱原料可生产相应的一箱产品，原料采购后实时到货采购单见表 B-6。

表 B-6　原料采购单

原料类别	购买价格/(元/箱)	采购款应付账期/季度	成品运输费/(元/箱)
青少年	200.00	1	20.00
中老年	300.00	1	20.00
商务人士	400.00	1	20.00

8. 生产制造

(1) 厂房可购买或租用，购买当期不折旧，第二期开始按直线法每期计提折旧(表 B-7)。

表 B-7　厂房信息表

厂房类型	购买价/元	租用价/(元/季度)	季度折旧率	可容纳生产线
大型厂房	1 200 000.00	120 000.00	2.00%	4
中型厂房	800 000.00	80 000.00	2.00%	2
小型厂房	500 000.00	50 000.00	2.00%	1

(2) 厂房可出售，出售前须先卖出厂房内的生产线，出售时价格为设备净值，出售当季要计提折旧。

(3) 生产线只能购买，购买当期不折旧，第二期开始按直线法每期计提折旧(表 B-8)。

表 B-8　生产线信息表

类型	目标群体	购买价格/元	季度折旧率	安装期/季度	产能/箱	加工费/(元/箱)	变更费/元	变更期/季度	维修费/(元/季)
柔性	任何群体	1 200 000	5%	1	2 000	20	无	无	40 000
全自动	青少年	1 000 000	5%	1	1 500	20	20 000	1	30 000
全自动	中老年	1 000 000	5%	1	1 500	20	20 000	1	30 000
全自动	商务人士	1 000 000	5%	1	1 500	20	20 000	1	30 000
半自动	青少年	800 000	5%	0	1 000	20	10 000	1	20 000
半自动	中老年	800 000	5%	0	1 000	20	10 000	1	20 000
半自动	商务人士	800 000	5%	0	1 000	20	10 000	1	20 000
手工	任何群体	500 000	5%	0	500	20	无	无	10 000

(4) 生产线可出售，出售时价格为设备净值，出售当季要计提折旧。

(5) 生产线购买当期开始每期需要支付设备维修费。

(6) 部分生产线购买后有一定安装期，安装期内不能生产，安装完成后方可投入生产。

(7) 部分生产线只能生产特定一种产品，但可以通过变更设备以生产其他产品，变更需要一定时间与费用。

(8) 所有生产线生产的产品都当期生产，当期下线。

9. 模拟运营中现金收入及支出的时间

收入及支出现金情况见表 B-9。

表 B-9　收入及支出现金情况表

决策时间次序	收入及支出现金情况
每季季初	支付上季所得税
研发资质认证	支付产品研发费，支付资质认证费
调整销售渠道	支付网点开办费，支付市场开发费
调整厂房设备	支付购买厂房费用，支付购买生产线费用
安排生产任务	支付产品生产加工费

续表

决策时间次序	收入及支出现金情况
制订产品定价	支付品牌及广告投入费
产品配送运输	支付交货产品的运输费,收到零账期订单的现金
支付各项费用	支付产品设计费,支付行政管理费,支付销售网点维护费,支付生产线维修费,支付厂房租金,支付订单违约罚金
每季季末	支付到期的应付账款,收到到期的应收账款,归还到期贷款

10. 说明

(1) 短期借款可随时去银行办理,现金实时到账,同时扣除借款利息。

(2) 应收账款贴现可随时去财务管理中心办理,需要支付一定比例的贴现利息。

以上规则仅供参考,具体规则以正式参赛报到时下发的规则为准。

附录C

学生感言

感　受

（宋爽）

这次是我们专业第二次进行企业经营沙盘模拟实训。与上次不同的是，我们多了一本学生用的实训手册。

有了实训手册，我们更详尽地了解了沙盘实训的规则，每个人都知道了市场的需求、产品的价格、生产线的利用等。这样，大家都能更好地参与到实训中，并从中获得更多的知识。

在手册中，每个职位都有详细的介绍，大家都会明了自己的职责；而每个职务需要填写的表都罗列了出来。这样，不仅能更好地各司其职，高效地完成自己的任务，还能系统地了解企业的运行流程。

在前两篇的介绍中，我们学会了很多技巧。例如，打广告怎样不会遭受损失；接订单时怎样避免让竞争对手多接；转产时转哪种生产线最少损失；等等。很多战略战术会让我们更加全面地分析实训的状况，从而学到更多的知识与经验。

有了这本实训手册，我们会了解沙盘的真正的真谛，更深刻地了解企业经营模式，从中获得实践性的专业知识。

拥有沙盘模拟实训手册的益处

（刘艳）

持续两天的ERP沙盘模拟实训结束了。这已经是我们第二次接触ERP沙盘模拟了，真有意犹未尽的感觉，真希望能再次参加ERP沙盘实训。这次的实训使我明白了许多有关ERP沙盘模拟的知识，这要感谢老师的细心指导及大家的积极参与与配合，我还要感谢的是一直帮助我们的《企业经营沙盘模拟对抗实训手册》，它使我们对ERP沙盘有了更深的了解。第一次沙盘实训我们对它的了解还很模糊，特别是对规则、流程的了解不是很详尽。正如书中所说，只有懂得规则，才能游刃有余。手册中还详细介绍了每个角色的任务，使我们在实训前能做些相关准备，明白自己所扮演角色在企业中的重要性及作用。其实，它的好处很多，在此就不详细多说了，但对于我这样对沙盘极其感兴趣的人来说，它更具有纪念意义。因为以后再见到它会勾起我的很多回忆，也能让我想起很多经验与教训，想起自己大学期间对企业经营的渴望。总之，我会珍藏《企业经营沙盘模拟对抗实训手册》。在此，我还要感谢老师的辛苦，更希望以后有更多的机会接触 ERP 沙盘。

关于 ERP 实训手册

（朱振）

实习 ERP 两次，收获很多，感受也不同。作为工商管理专业的学生，我深知 ERP 运作对我们将来工作的重要性。

第一次实习，仓促上阵，什么也不懂，规则也不是很清晰，头脑里也乱得很，还没回过神实习就结束了，因此我留下了很多遗憾。

第二次实习，我最大的感受就是变了，我可以知道规则。在实训手册上，我可以知道具体流程，甚至是财务预算及资产计算。两次同为 CEO 的我，在上一次实习中，对财务一职完全陌生，直至结束。所幸，这次有实训手册，我可以很清楚地了解财务方面的各项活动，弥补上次实习的一大遗憾。再次，手册中对规则的详尽阐述使我对 ERP 沙盘有了全新的认识与理解，并可以在正式实习之前认真阅读、积极思考、做好充足的准备工作。

通过实训手册，使我此次实习更加充实与积极，收获颇丰。

使用沙盘实训手册的感受

（闫杰）

日前，我们经历了为期两天的 ERP 沙盘实训。在这次实训中，我懂得了什么是失败，什么是进步。关于进步是多一次经历带给我的，还有一个小助手——《企业经营沙盘模拟对抗实训手册》。

在上一次实训时，由于没有一个正式的文本规则，使我们对整个流程了解得都不是很透彻，只是知道一个“大概怎样怎样”，很不专业，致使感觉整个过程就像是“过家家”，不仅对自己的角色了解不透，对他人的角色更是模糊。在这次实训前，我认真学习了本实训手册中的相关内容，明确了实训目的、内容和相关要求，确保了实训效果。

虽然，实训结果从排名上看我们组是最后，可我相信，我们得到了很多很多。从失败中，我们看到了什么是竞争、什么是生存、什么是超越自己。整个过程由于对手册的学习，我清楚地知道了每走一步的含义，对整个流程都是清晰的，享受着整个过程。

失败算什么，我不认为我们是失败的，在失败中站起来的人才是真正的强者。

ERP 沙盘实训手册的好处

（何露丝）

第二次玩沙盘和第一次不同的是，我们多了一本《企业经营沙盘模拟对抗实训手册》，有了明确的规范和准则，自然好处是很大的。在此，我要谈谈自己的看法。

既然是模拟竞赛，就一定要有竞赛规则，而这本手册最大的用途就是将规则更明确、更细致地描述出来，指导竞赛顺利进行。虽玩过一次，但我们不敢保证所有规则都能掌握在心、倒背如流，比方说生产线的开发需要多久、多少资金及残值，每条生产线的转产期和转产费用，诸如此类的事我们未必能够熟记在心，达到张口就来的程度。翻翻手册，一目了然，有利于资金预算和整个企业的战略制订。另外，对于容易模糊和出错的细节，容易作弊之处更需要规则作规范，从而使竞赛更加公平、公正、公开，达到教学目的。

人手一本手册有效避免了“事不关己，高高挂起”的现象发生。企业经营沙盘实训实际上是个团队合作的项目，需要沟通与合作，即需要每个人在熟知自己职责的基础上更多地了解组内其他角色职责的相关事务，特别对于 CEO 来说，熟知每个职务的分工内容，如财务总监记账项目，更有利于总体战略的制订。

此外，每个职务都需要填写分内职务的相关表格，使每一个程序更加规范化，提高操作速度和效率，使每一项工作都有计划性，可加深我们对《企业战略管理》课程的理解，真正将理论与实践相结合。

手册上增加的人力资源总监的角色很有必要，有利于监控组内每个成员的态度和绩效。同时对团队名称、企业目标、使命、愿景填写的硬性要求更有利于增强临时团队的凝聚力与目标性，达到实训效果。

总而言之，实训手册堪称沙盘操作的必备品！

参 考 文 献

[1] 刘平.用友 ERP 企业经营沙盘模拟实训手册[M].3 版.大连：东北财经大学出版社，2010.

[2] 黄娇丹，毛华扬.金蝶 ERP 沙盘模拟经营实验教程[M].北京：清华大学出版社，2010.

[3] 王新玲，杨宝刚，等.ERP 沙盘模拟高级指导教程[M].北京：清华大学出版社，2006.

[4] 王新玲，柯明，等.ERP 沙盘模拟学习指导书[M].北京：电子工业出版社，2005.

[5] 王方华等.企业战略管理[M].2 版.上海：复旦大学出版社，2006.

[6] 刘平.企业战略管理：规划理论、流程、方法与实践[M].北京：清华大学出版社，2010.

[7] 刘平.创业攻略——成功创业之路[M].北京：中国经济出版社，2008.

[8] 刘平.高成长企业的长赢基因[J].经理人，2008，(8).

[9] 刘平.到西部去淘金[N].第一财经日报，2006-8-22(A2).

[10] 刘平.战略管理的辩证法[J].企业管理，2005，(10)：33-34.

[11] 刘平.以快制胜的误区[J].管理与财富，2006，(12)：37-39.

[12] 刘平.新华 VS 友邦：条条大路通罗马[J].中外管理，2006，(5)：49-50.

[13] 刘平.我国新兴寿险公司的战略选择[J].经理人，2006，(4)：76-77.

[14] 刘平.智能集团不“壮士断腕”的后果[J].经理人，2006，(5)：96-98.

[15] 刘平.家世界的启示[J].销售与市场(中旬刊)，2007，(1)：18-19.

[16] 刘平.贝塔斯曼：满身光环的失败者[J].销售与市场(中旬刊)，2008，(8)：74-77.

[17] 刘平.快速成长型企业的危机基因[J].中外管理，2006，(6)：56-57.

[18] 施振荣.再造宏碁[M].北京：中信出版社，2005.